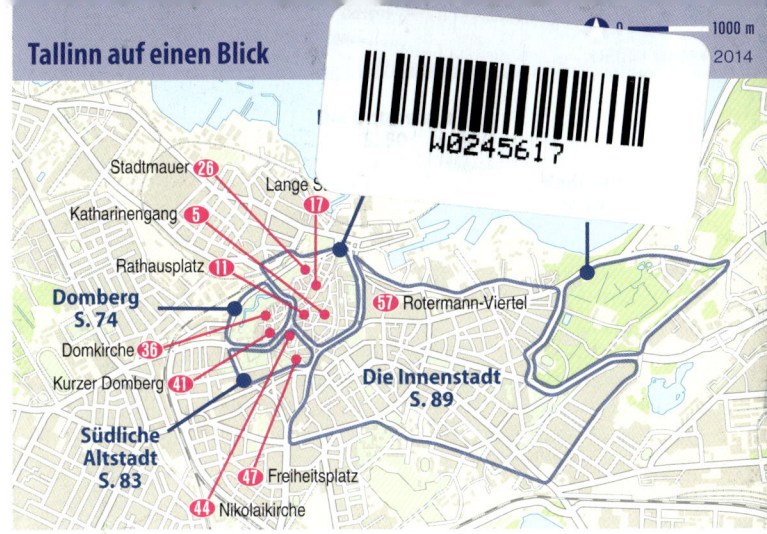

Stadtmauer **26**

Lange S...

Katharinengang **5**

17

Rathausplatz **11**

Domberg S. 74

57 Rotermann-Viertel

Domkirche **36**

Die Innenstadt S. 89

Kurzer Domberg **41**

Südliche Altstadt S. 83

47 Freiheitsplatz

44 Nikolaikirche

Inhalt

☐ *Das Traveller-Zelt (s. S. 117) bietet nützliche Infos (081tn Abb.: ta)*

Exkurse zwischendurch

Benutzungshinweise

City-Faltplan

Eine **Liste der im Buch beschriebenen Örtlichkeiten** wie Sehenswürdigkeiten, Restaurants, Hotels, Cafés, Infostellen befindet sich auf Seite 137.

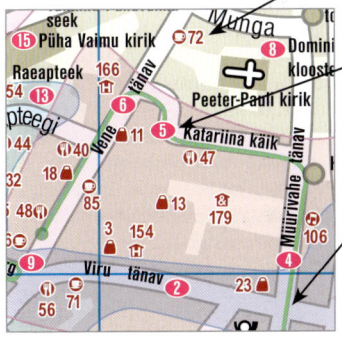

Bewertung der Sehenswürdigkeiten

★★★   auf keinen Fall verpassen
★★   besonders sehenswert
★   wichtige Sehenswürdigkeit für
       speziell interessierte Besucher

Orientierungssystem

Zur schnelleren Orientierung tragen alle Hauptsehenswürdigkeiten und Lokalitäten sowohl im Text als auch im Kartenmaterial die gleiche Nummer:

◯72 Mit Symbol und fortlaufender Nummer werden die sonstigen Lokalitäten wie Cafés, Geschäfte, Hotels, Infostellen usw. gekennzeichnet.

❺ Mit einer fortlaufenden magentafarbenen Nummer sind die Hauptsehenswürdigkeiten gekennzeichnet. Steht die Nummer im Fließtext, verweist sie auf die Beschreibung dieser Sehenswürdigkeit im Kapitel „Tallinn entdecken".

❯ Die farbige Linie markiert den Verlauf des Stadtspaziergangs (s. S. 8).

[D3] In eckigen Klammern steht das Planquadrat im Kartenmaterial, in diesem Beispiel Planquadrat D3.

Ortsmarken ohne Angabe des Planquadrats liegen außerhalb unserer Karten. Sie können aber wie alle Örtlichkeiten in unseren speziellen Luftbildkarten auf der Produktseite dieses Buches unter www.reise-know-how.de oder direkt unter http://ct-tallinn14.reise-know-how.de lokalisiert werden.

Impressum

Thorsten Altheide, Heli Rahkema

CityTrip Tallinn

erschienen im
REISE KNOW-HOW Verlag Peter Rump GmbH,
Osnabrücker Str. 79, 33649 Bielefeld

© REISE KNOW-HOW Verlag
    Peter Rump GmbH 2010, 2012
**3., neu bearbeitete und komplett
aktualisierte Auflage 2014**
Alle Rechte vorbehalten.

ISBN 978-3-8317-2434-5
PRINTED IN GERMANY

Dieses Buch ist erhältlich in jeder Buchhandlung Deutschlands, der Schweiz, Österreichs, Belgiens und der Niederlande. Bitte informieren Sie Ihren Buchhändler über folgende Bezugsadressen:
    Deutschland: Prolit GmbH, Postfach 9, D-35461 Fernwald (Annerod) sowie alle Barsortimente
    Schweiz: AVA Verlagsauslieferung AG, Postfach 27, CH-8910 Affoltern
    Österreich: Mohr Morawa Buchvertrieb GmbH, Sulzengasse 2, A-1230 Wien
    Niederlande, Belgien: Willems Adventure, www.willemsadventure.nl
Wer im Buchhandel kein Glück hat, bekommt unsere Bücher auch über unseren Büchershop im Internet:
www.reise-know-how.de

Herausgeber: Klaus Werner
Lektorat und Layout:
    amundo media GmbH
Karten: Ingenieurbüro B. Spachmüller,
    amundo media GmbH
Druck und Bindung: Media-Print, Paderborn
Fotos: siehe Bildnachweis S. 141

Anzeigenvertrieb: KV Kommunalverlag
    GmbH & Co. KG, Alte Landstraße 23,
    85521 Ottobrunn, Tel. 089 928096-0,
    info@kommunal-verlag.de

Alle Informationen in diesem Buch sind von den Autoren mit größter Sorgfalt gesammelt und vom Lektorat des Verlages gewissenhaft bearbeitet und überprüft worden.
Da inhaltliche und sachliche Fehler nicht ausgeschlossen werden können, erklärt der Verlag, dass alle Angaben im Sinne der Produkthaftung ohne Garantie erfolgen und dass Verlag wie Autoren keinerlei Verantwortung und Haftung für inhaltliche und sachliche Fehler übernehmen.
Die Nennung von Firmen und ihren Produkten und ihre Reihenfolge sind als Beispiel ohne Wertung gegenüber anderen anzusehen. Qualitäts- und Quantitätsangaben sind rein subjektive Einschätzungen der Autoren und dienen keinesfalls der Bewerbung von Firmen oder Produkten.
Wir freuen uns über Kritik, Kommentare und Verbesserungsvorschläge:
info@reise-know-how.de

Aktuelle Informationen nach Redaktionsschluss

Unter **www.reise-know-how.de** werden aktuelle Ergänzungen und Änderungen der Autoren und Leser zum vorliegenden Buch bereitgestellt. Sie sind auch in der **Gratis-App** zum Buch abrufbar.

www.reise-know-how.de
› Ergänzungen nach Redaktionsschluss
› kostenlose Zusatzinfos und Downloads
› das komplette Verlagsprogramm
› aktuelle Erscheinungstermine
› Newsletter abonnieren
Verlagsshop mit Sonderangeboten

Auf ins Vergnügen

001tn Abb.: ta

Tallinn an einem Wochenende

Trotz ihrer Rolle als Hauptstadt und ihres teilweise weltstädtischen Flairs ist Tallinn doch so überschaubar, dass die Stadt sich gut für einen Kurztrip eignet. An einem Wochenende kann man die wichtigsten Sehenswürdigkeiten besichtigen und interessante Viertel außerhalb der Altstadt erleben.

089tn Abb.: ta

1. Tag: Altstadt-Spaziergang

Das Herz von Tallinn ist der **Rathausplatz** ⑪ mit dem Rathaus ⑫. Es bietet sich daher an, hier den Altstadtrundgang zu starten. Dabei sollte man den kleineren Alten Markt ⑨ links hinter dem Rathaus nicht verpassen. Bevor es richtig losgeht, kann man im Café Kehrwieder (s. S. 29) oder im Café Weckengang (s. S. 31) in der Gasse Saiakang gegenüber dem Rathaus einen **kleinen Imbiss** einnehmen. Über die Gasse gelangt man in die Pikk-Straße ⑰ mit ihren zahlreichen Läden, in denen man schöne Souvenirs findet. Auf dem Weg kann man die Gildenhäuser und die Heiliggeistkirche ⑮ bewundern.

Die mächtige, alles überragende **Olaikirche** ㉕ erreicht man, wenn man der Pikk-Straße folgt. Bei der Kirche geht es links in die kurze Oleviste-Straße und dann rechts, vor der Kirche entlang, über die Lai-Straße ㉚, an der markanten runden Rossmühle ㉔ vorbei, in die alte Laboratooriumi-Straße ㉖. Diese wird im weiteren Verlauf zur Kooli-Straße. Schlüpft man rechts durch einen der Durchgänge, bietet sich am **Platz der Türme** ㉗ ein besonders schöner Blick auf die Stadtmauer. Dann geht es weiter über die Straßen Kooli, Gümnaasiumi, Väike-Kloostri und Nunne, bis beim Torturm die Straße Pikk jalg ㉛ beginnt.

Bevor man über diese den **Domberg** erklimmt, bietet sich die um die Ecke gelegene Rataskaevu-Straße für eine Mahlzeit an: Mit Vanaema juures (s. S. 26), Von Krahli Aed (s. S. 28), Kompressor (s. S. 32) und Rataskaevu 16 (s. S. 25) liegen hier mehrere Lokale dicht beieinander, die für jeden Geschmack und Geldbeutel etwas bieten. Will man, passend zur Kulisse, auch kulinarisch im Mittelalter bleiben und außerdem eines der bekanntesten Restaurants der Stadt testen, macht man einen Abstecher zum Olde Hansa ⑩ in der Nähe des Alten Markts ⑨.

◿ *Aus den Häuserschluchten ragt der Turm der Olaikirche ㉕ heraus*

◁ *Vorseite: Mit Segways auf dem Rathausplatz ⑪*

▷ *Die Olaikirche (rechts hinten im Bild) ist ein guter Orientierungspunkt*

Dann kann es weitergehen auf den Domberg: durch den Torbogen Pikk jalg hinauf zur **Alexander-Newski-Kathedrale** 32, deren prachtvolles Inneres einen Blick wert ist. Gegenüber liegt das **Schloss** 33 mit dem Sitz des estnischen Parlaments, dahinter weht auf dem Langen Hermann 34 tagsüber die estnische Fahne.

Anschließend führt der Weg rechts über die Toom-Kooli zur **Domkirche** 36 mit ihrer ehrwürdigen Atmosphäre. Überquert man den Platz vor der Kirche und folgt dann der Kohtu-Straße 37, spaziert man zwischen stolzen Herrenhäusern und gelangt schließlich zu einem Aussichtsplatz, von dem aus sich der wohl **meistfotografierte Blick** über die Stadt öffnet.

Nun geht es zurück, an der Alexander-Newski-Kathedrale vorbei durch die Stadtmauer in den **Garten des dänischen Königs** 35 und von dort die schmale, romantische Gasse Lühike Jalg 41 hinab bis zur Nikolai-Kirche 44. Hier lohnt sich wegen ihrer Kunstschätze eine Besichtigung. An der Kirche vorbei gelangt man über die Harjustraße 45 zum **Freiheitsplatz** 47 vor den Toren der Altstadt.

Zurück in die Altstadt geht es an der Jaani-Kirche vorbei, die Suur-Karja entlang zu dem kleinen Platz, wo man einen Blick auf das stalinistische Sõprus-Kino 46 links werfen kann. Dann biegt man rechts in die Müürivahe 4. Auf dieser kreuzt man nach einer Weile die trubelige Viru-Straße 2 mit dem **Viru-Tor** 3, etwas weiter noch wartet links der kleine Toreingang in den Katharinengang 5 mit seinen Handwerksläden. Am Ende der Gasse liegt die Vene-Straße 6, die mit dem Hof der Meister (s. S. 18), dem Stadtmuseum 7 und dem alten Dominikanerkloster 8 aufwarten kann.

Routenverlauf im Stadtplan

Der hier beschriebene Spaziergang ist mit einer farbigen Linie im Stadtplan eingezeichnet.

Mit dem Controvento (s. S. 26) oder dem Ribe (s. S. 25) für den herzhaften Geschmack, mit dem Café Josephine (s. S. 29) oder der Chocolaterie Pierre (s. S. 31) für die süße Fraktion finden sich viele **Einkehrmöglichkeiten** – ein guter Ausgangspunkt, um sich ins Nachtleben zu stürzen oder den Tag bei einem Bier ausklingen zu lassen.

2. Tag: Von der Innenstadt nach Kadriorg

Für den zweiten Tag bietet es sich an, vom Estonia-Theater 50 zum Rotermannviertel 57 zu laufen, dann mit der Tram 1 oder 3 Richtung Kadriorg zu fahren und bei Kreutzwaldi oder Koidula auszusteigen. Im Köleri 2 (s. S. 27) oder im Nop (s. S. 30) kann man einen Kaffee zu sich nehmen und dann über die Koidula-Straße zum **Kadriorg-Park** 59 spazieren. In der Nähe gibt es neben dem Schloss 60 und KUMU 64 viel zu entdecken. Von hier aus kann man sich dann auf den Weg zum **Sängerfestplatz** 65 und nach **Pirita** 66 machen.

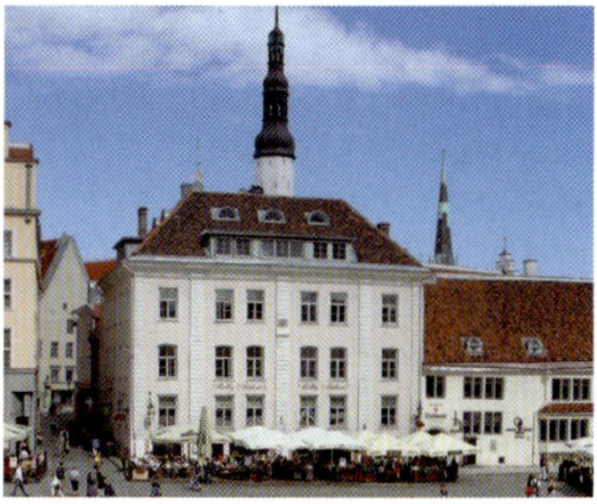

011tn Abb.: hr

Zur richtigen Zeit am richtigen Ort

Tallinn als kulturelles Zentrum des Landes hat im Lauf des Jahres einiges an Festen und Festivals zu bieten. Überwiegen im Sommer naturgemäß die Veranstaltungen unter freiem Himmel, bieten die langen Winterabende Gelegenheit zum Genuss hochkarätiger Aufführungen in Theatern und Konzertsälen.

085tn Abb.: kr

Musik spielt unter den Veranstaltungen die wichtigste Rolle, kein Wunder bei den gesangsbegeisterten Esten. Am bekanntesten sind die **großen Sängerfeste** (s. S. 11), aber auch in Sachen Orgel- und Barockmusik hat Tallinn einen guten Namen. Wer es in der Kunst etwas moderner mag, wird vielleicht beim PÖFF fündig, einem Filmfest, bei dem sicher die eine oder andere Perle zu entdecken ist. Dass die Esten zu feiern wissen, kann man am Johannistag oder beim Öllesummer erleben. Hier gilt: hochprozentig statt hochkulturell. Romantisch wird es im Dezember auf dem Rathausplatz **❶**, wenn auf dem Weihnachtsmarkt allerlei Kunsthandwerk bei glitzernder Beleuchtung angeboten wird. Es lohnt sich jedenfalls zu jeder Jahreszeit, einen Blick in den Veranstaltungskalender zu werfen.

Frühjahr

❯ **Tallinn Music Week**, www.tallinn musicweek.ee. Der wichtigste Termin für Freunde zeitgenössischer Pop- und Rockmusik in allen Spielarten ist die Tallinn Music Week Ende März. Hier gibt es zahlreiche Entdeckungen zu machen, da neben estnischen auch erstklassige

finnische, schwedische oder lettische Bands auftreten.

❯ **Tage der Estnischen Musik** (Eesti Muusika Päevad), www.festivals.ee. Seit 1979 organisiert der Verband der Estnischen Komponisten dieses Festival, das in der Regel im März oder April stattfindet. In Kirchen, Kinos, Sporthallen usw. wird alte und neue estnische Musik aufgeführt.

❯ **Jazzkaar**, www.jazzkaar.ee, im April. Internationales Jazzfestival an den unterschiedlichsten Veranstaltungsorten.

❯ **Tallinn-Tag** (Tallinna päev). Am 15. Mai wird der Tallinn-Tag gefeiert. Das ist der Tag, an dem Tallinn 1248 das Lübecker Stadtrecht erhielt. Hauptsächlich auf dem Rathausplatz **❶** wird ein buntes Kulturprogramm geboten.

❯ **Altstadttage** (Vanalinna Päevad), www.vanalinnapaevad.ee. Im Mai oder Juni finden für etwa eine Woche auf dem Rathausplatz **❶**, auf dem Freiheitsplatz **❹❼**, in Museen, Kirchen und Theatern alle möglichen Aktionen und kulturellen Veranstaltungen statt.

⌂ *Das Sängerfest begeistert alle fünf Jahre Einheimische und Touristen*

Sommer

> **Johannistag** (Jaanipäev, Mittsommer). Am Abend vom 23. auf den 24. Juni feiern die Esten die Ankunft des Sommers. In der Stadt gibt es mehrere Johannistagsfeuer, um die herum getanzt, gesungen, gegessen und nicht wenig getrunken wird. Ein großes Fest findet z. B. im Freilichtmuseum **74** statt.

> **Blumenfestival** (Lillefestival). Auf dem Platz der Türme **27** sind im Sommer neue Kreationen aus dem Bereich der Gartenbaukunst in einer kostenlosen Freiluftausstellung zu sehen.

> **Tallinner Meerestage** (Tallinna Merepäevad), www.tallinnamerepaevad.ee. Aktionen zum Thema Meer für Große und Kleine werden im Juli am Hafen, auf der Strandpromenade, am und auf dem Meer geboten, darunter Musik, Schifffahrten, Ausstellungen, Fahrradtouren, ein Fischmarkt, Kajaktouren und Theater.

> **Sängerfest** (Laulupidu), www.laulupidu. ee. Alle fünf Jahre strömen Tausende Tallinner, Esten, Exilesten und Touristen in die Stadt, um eins der legendären Sängerfeste zu erleben. Im Juni oder Juli findet auf der Sängerfestwiese **65** eine der größten Musikveranstaltungen der Welt statt, eine Tradition, die bis ins Jahr 1869 zurückreicht. Das letzte Sängerfest 2009 hatte etwa 26.000 Teilnehmer, die Zahl der Besucher überstieg 120.000. Kein Wunder, dass das estnische Sänger- und Tanzfest seit 2003 auf der Liste der Meisterwerke des mündlichen und immateriellen Kulturerbes der UNESCO steht. Zwischen den großen Festen gibt es ähnliche Veranstaltungen speziell für Kinder und Jugendliche.

> **Biersommer** (Õllesummer), www. ollesummer.ee. Jedes Jahr im Juli findet der sog. Biersommer statt, eigentlich ein internationales Musikfest bei mehr oder weniger Bier. Neben Schlagermusik sind Jazz-, Hip-Hop-, Reggae-, Rock- und Weltmusik vertreten.

Das gibt es nur in Tallinn

> *Wer sich in die Lage eines Verteidigers der Stadt in der Frühen Neuzeit zurückversetzen will, sollte eine* **Führung durch die Tunnel unter den Bastionen** **43** *mitmachen. Kühl und beengt, aber spannend.*

> *Das* **ehemals höchste Gebäude der Welt** *würde man kaum in Tallinn vermuten. Doch so war es: Die stolzen Kaufleute errichteten mit der Olaikirche* **25** *ein Bauwerk, das sich von 1549 bis 1625 mit diesem Titel schmücken durfte. Der Turm war damals 159 m hoch. Natürlich brachte das allerlei Gerüchte über eine aktive Beteiligung des Teufels mit sich.*

> *Und noch ein Weltrekord, zumindest ein halber:* **Eine der ältesten Apotheken der Welt,** *die noch in Betrieb sind, ist die Ratsapotheke* **13** *am Rathausplatz* **11** *in Tallinn. Sie ist seit Anfang des 15. Jh. durchgehend geöffnet – da kann nur noch Dubrovnik mithalten.*

> *Die* **weltberühmten estnischen Sängerfeste** *(s. S. 11 und S. 102), die alle fünf Jahre auf der Sängerfestwiese* **65** *stattfinden, sind etwas ganz Besonderes: Das Fest hat mehr aktive Teilnehmer als andere Konzerte Zuschauer.*

> **Internationales Orgelfestival Tallinn** (Tallinna Rahvusvaheline Orelifestival), www.festivals.ee. Musikfestival speziell für Orgelmusik im Juli und August mit Mittelpunkt in der Nikolaikirche. Konzerte finden auch in anderen Kirchen statt. An dem Festival haben schon viele wichtige internationale Orgelsolisten teilgenommen.

Zur richtigen Zeit am richtigen Ort

> **Tanzfestival** (Augusti Tantsu Festival), www.saal.ee. Das internationale Festival für zeitgenössischen Tanz findet jährlich im August statt.

> **Tallinner Kammermusikfestival** (Tallinna Kammermuusika Festival), www.festivals.ee, im August oder September. Ein Festival in den Kirchen und historischen Sälen Tallinns, das sich der zeitlosen klassischen Musik verschrieben hat.

> **Pirita Festival**, www.festivals.ee, www.birgitta.ee, im August. Musik- und Theaterfestival vor der stimmungsvollen Kulisse der Ruinen des Brigittenklosters **69**.

Herbst

> **Internationales Festival für orthodoxe Musik CREDO** (Rahvusvaheline õigeusu vaimuliku muusika festival), www.festivalcredo.com. Internationales Festival für orthodoxe Musik, das im September oder Oktober in Kirchen und Konzertsälen stattfindet.

> **Festival für neue Musik NYYD** (Rahvusvaheline uue muusika festival),

www.festivals.ee, im Oktober. Festival für neue und moderne estnische und internationale Musik.

Winter

> **Lichtbiennale**, www.lightbiennale.ee. In jedem ungeraden Jahr wird Ende November/Anfang Dezember an verschiedenen Orten im Stadtgebiet internationale Lichtkunst präsentiert.

> **Dunkle-Nächte-Filmfestival PÖFF** (Pimedate Ööde Filmifestival), www.poff.ee. Ende November bis Anfang Dezember, also dann, wenn die Nächte besonders lang und dunkel sind, kann man im Solaris-Zentrum (s. S. 20) Spiel-, Studenten-, Kurz-, Animations-, Kinder- und Jugendfilme aus aller Welt anschauen und sich damit die Nächte verkürzen.

> **Weihnachtsjazz** (Jõulujazz), www.jazzkaar.ee. Bei der Winterausgabe des Jazzfestivals Jazzkaar kann man Anfang Dezember noch einmal entspre-

◹ *Der Duft von gebrannten Mandeln lockt zum Olde-Hansa-Wagen* **10**

Tallinn für Citybummler

Gesetzliche Feiertage in Estland

> **1. Januar:** Neujahr
> **24. Februar:** Nationalfeiertag
> **März/April:** Karfreitag
> **1. Mai:** Maifeiertag
> **23. Juni:** Siegestag
> **24. Juni:** Johannistag
> **20. August:** Tag der Wiedererlangung der Unabhängigkeit
> **25./26. Dezember:** Weihnachten

chende Klänge von verschiedenen Bühnen hören.

> **Weihnachtsmarkt.** Erst seit der Jahrtausendwende gibt es auf dem Rathausplatz ⓫ einen Weihnachtsmarkt in Tallinn. Der ist zwar verhältnismäßig klein, kann sich aber wegen der guten Chance auf Schnee und der historischen Kulisse in Sachen Atmosphäre durchaus mit den Märkten im deutschsprachigen Raum messen. Er findet von Ende November bis Anfang Januar rund um den großen Weihnachtsbaum statt.

> **Theaterfestival Winternachtstraum,** http://festival.linnateater.ee. Internationales Theaterfestival in jedem geraden Jahr zwischen Weihnachten und Neujahr. Im Mittelpunkt stehen die Schauspieler, erklärtes Ziel ist es, den estnischen Theaterbesuchern die aktuell besten Schauspieler Europas vorzustellen.

> **Barockmusik-Festival** (Barokkmuusika Festival), www.festivals.ee. Jedes Jahr im Januar/Februar findet an verschiedenen Veranstaltungsorten, z.B. im Estonia-Konzertsaal ㊿, in der Nikolaikirche ㊹ und im Schwarzhäupterhaus ㉑, ein internationales Festival mit prominenten Teilnehmern aus dem Barockmusikbereich statt.

Blickt man heute auf eine Europakarte, scheint Tallinn eine ausgesprochene Randlage einzunehmen. Tatsächlich stand die Stadt aber über Jahrhunderte im Zentrum der Kämpfe der Großmächte um sie herum. Man darf annehmen, dass diese Tatsache für die jeweils betroffenen Bewohner selten angenehm war. Doch für den heutigen aufmerksamen Flaneur bedeutet diese Geschichte eine reiche Quelle für spannende Entdeckungen. Tallinn lebt von seinen Kontrasten.

Auf den ersten Blick mag jedoch das Gegenteil richtig scheinen: Die **Altstadt Tallinns** bietet ein erstaunlich geschlossenes Bild für eine Stadt dieser Größe. Die ältesten Schichten der Bebauung findet man im Bereich der Laboratooriumi-Straße ㉖ und deren Fortsetzungen bis zur Väike-Kloostri, wo die Zeit an manchen Ecken seit 500 Jahren stehengeblieben sein könnte. Hier gibt es selbst zur Hochsaison noch die Chance, jener melancholischen Stimmung vergangener Größe nachzuspüren. Auf dem **Domberg** lohnt sich ein Rundgang am frühen Morgen, bevor die Postkartenverkäufer ihre Stände aufgebaut haben. Dann strahlen die Häuser eine Würde aus, wie sie erst im Lauf vieler Generationen von Bewohnern entsteht. Dies ist das Tallinn – eigentlich an dieser Stelle: das Reval – der deutschen Oberschicht, der Hansezeit und des Deutschen Ordens. Nicht zuletzt in den Kirchen kann man noch viele Zeugen dieser Zeit finden.

Wenigstens im Sommer ist das üblichere und keineswegs schlechtere Bild von Tallinns Altstadt heute freilich ein anderes: prall gefüllte Stra-

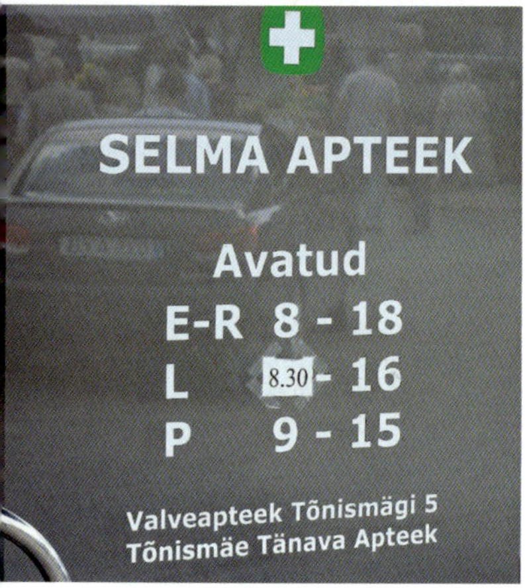
SELMA APTEEK
Avatud
E-R 8 - 18
L 8.30 - 16
P 9 - 15
Valveapteek Tõnismägi 5
Tõnismäe Tänava Apteek

015tn Abb.: ta

ßencafés, bunte Besucherscharen und geschäftige Einwohner. Der **Rathausplatz** ⑪ ist die naheliegende Option, wenn man dem Treiben bei einer Tasse Kaffee zusehen möchte, aber auch die **Dunkri-Straße** [C3] bietet schöne Terrassenplätze dafür. Mit der Dämmerung leeren sich die Straßen etwas, doch die Lokale füllen sich: In den Bars versammelt sich nach und nach eine hauptstadtwürdige Meute zum Feiern. Die kurzen Entfernungen machen Tallinn zum perfekten Ort für eine Kneipentour. Eine geeignete Gegend zum Start ist der Bereich **Kullassepa/Vana turg** ⑨/**Suur-Karja.** Im kulinarischen Bereich ist die östliche Lage Tallinns stärker zu spüren als im architektonischen. Es gibt gute Gelegenheiten die russische Küche (s. S. 26) kennenzulernen. Durch die Verbindungen der Sowjetzeit ist zudem die kaukasische Küche überproportional vertreten.

Außerhalb der Altstadt verströmen einige Orte, die auch ohne Ostalgiegefühle einen Besuch wert sind, einen realsozialistischen Charme. Beispiele sind der **Zentralmarkt** (54) und der **Balti jaam** ㉘. Sehenswerte Exemplare stalinistischer Architektur sind das Wohnhaus an der Stockmann-Kreuzung (53) und das Kino Sõprus ㊻. Der Sprung ins 21. Jh. liegt in Tallinn nur eine Häuserecke entfernt. Das neue Estland ist selbst- und modebewusst, kapitalistisch, digital. Die Wirklichkeit ist wie immer komplexer als solche Schlagworte, doch beschreiben sie durchaus eine Seite des heutigen Tallinn. Zu beobachten ist sie entlang der **Rävala pst** (s. Das neue Innenstadtviertel (55)), im **Viru keskus** (56) oder im **Solaris-Zentrum** (s. S. 20). Wer dann genug von *al-*

Wer die Öffnungszeiten verstehen will, muss die estnischen Namen der Wochentage lernen

Die Abkürzungen der Wochentage

Üblicherweise werden in Estland die Wochentage nur mit den Anfangsbuchstaben bezeichnet, sodass man an einer Ladentür etwa folgende Angabe finden könnte: E–R 8–20, L, P 8–18. Das bedeutet dann: Mo.–Fr. 8–20, Sa./So. 8–18 Uhr.

Die Wochentage heißen wie folgt:

- *Esmaspäev* Montag
- *Teisipäev* Dienstag
- *Kolmapäev* Mittwoch
- *Neljapäev* Donnerstag
- *Reede* Freitag
- *Laupäev* Samstag
- *Pühapäev* Sonntag

Straßennamen in Tallinn: deutsche Spuren überall

Wer als Deutschsprachiger durch Tallinn spaziert, wird auf den Straßenschildern einiges finden, das bekannt klingt, auch wenn man nicht alles sogleich entschlüsseln kann. Am einfachsten sind die nach Personen benannten Straßen wie in Kadriorg. An die **ursprünglich deutschen oder eingedeutschten Namen** *wird einfach ein „i" angehängt, was in etwa dem besitzanzeigenden „s" im Deutschen entspricht. Dafür lässt man das Wort für Straße bei Adressangaben einfach weg, sodass man z. B. „Faehlmanni 18" oder „Kreutzwaldi 5" lesen kann. Das wäre so, als würde man auf Deutsch sagen: „Die Adresse ist Rudolf-Diesels 12". Bei anderen Namen braucht man etwas mehr Fantasie, aber man kann bei der Mere puiestee*

noch heraushören, dass diese Allee ans Meer führt. Der Raekoja plats ist dem Rathausplatz ⑪ *nicht ganz unverwandt, die Toom-Kooli-Straße führte an der Domschule vorbei und die Nonnen wohnten an der Nunne-Straße. Etwas schwer wäre zu erraten, dass die Voorimehe-Straße nach den dort wohnenden Fuhrmännern benannt wurde. Nützlich zum Verständnis der Straßennamen sind die verschiedenen* **Wegbezeichnungen im Estnischen** *und deren Abkürzungen:*

> „tänav" (tn)   Straße
> „tee"   Weg
> „puiestee" (pst)   Allee
> „maantee" (mnt)   Landstraße
> „käik, kang"   Gang, Gasse
> „põik"   Abzweig, Gasse
> „väljak", „plats"   Platz

lahindlus (so viel wie „Tiefpreis") hat, kann sich auf den Weg nach **Kadriorg** (s. S. 96) machen und zwischen den patinabelegten Holzhäusern dem Nachhall des 19. Jh. lauschen. Tallinn ist also viel mehr als seine berühmte historische Altstadt und mehr als die Summe aller verschiedenen Viertel und historischen Einflüsse. Es ist ein vielschichtiges Gebilde, das sich demjenigen am besten erschließt, der zu Fuß und mit offenen Augen die Stadt erkundet.

> *Die Apteegi-Straße führt zur Apotheke*

O.17tn Abb.: ta

Tallinn für Kauflustige

Tallinn bietet zahlreiche Möglichkeiten, Geld auszugeben. Von winzigen Souvenirbuden bis zu großen Konsumtempeln dürfte für jeden Geschmack etwas dabei sein.

Am meisten verbreitet sind Souvenirläden, die allerlei „Typisches" im Angebot haben. Die Unterschiede liegen im Detail, sind aber erheblich. Als Faustregel kann vielleicht gelten: Wo Bernstein und Matrjoschkas angeboten werden, ist etwas Vorsicht angebracht, da dies eben keine **typisch estnischen Souvenirs** sind, sondern irgendwie „baltisch" oder „osteuropäisch" aussehen sollen. Als estnisch können gelten: Holzwaren, insbesondere Küchenartikel aus Wacholder, Schmiedewaren, Wolle, Leinen und Filz sowie teilweise auch Glas und Leder. Gute Waren dieser Art findet man in den Läden mit der Aufschrift „Eesti Käsitöö" (Estnische Handarbeit) in einem Kreis und bei der Katariina Gild (s. S. 18), einem Zusammenschluss von Kunsthandwerksproduzenten, aber auch in vielen weiteren Geschäften der Stadt. Lohnenswert ist ein Besuch im Supermarkt, jedenfalls wenn man Interesse an ungewohnten Geschmacksrichtungen hat. Neben den örtlichen Spirituosen und Biersorten gibt es zahlreiche Entdeckungen zu machen (s. Exkurs S. 24).

Schließlich kann man ganz klassisch auf Shoppingtour gehen und sich mit Bekleidung, Schuhen, Sportartikeln und dergleichen eindecken. Neben den üblichen internationalen Marken findet man auch bei estnischen Herstellern wie Monton oder Bastion schicke Designs. Die besten Anlaufstellen dafür sind **die großen Einkaufszentren 56** und einige Kaufhäuser. Allerdings muss man sich vom Gedanken verabschieden, dass es in Estland billiger sein müsse – im Gegenteil: Gerade bei internationalen Kleidermarken muss man eher mit einem Preisaufschlag rechnen. Weil auch die meisten Esten das

⌂ *Moderne Einkaufszentren sind in Tallinn wie Pilze aus dem Boden geschossen*

nicht bezahlen können, gibt es praktisch ständig Rabatte, *allahindlus* genannt. Dann lässt sich doch das eine oder andere Schnäppchen machen. Man kann fast überall mit Kreditkarten bezahlen. Meistens können auch EC-/Maestro-Karten benutzt werden. Trotzdem ist es hilfreich, ein paar Euro Bargeld dabeizuhaben, denn hin und wieder machen ausländische EC-Karten Probleme. Die Öffnungszeiten sind deutlich flexibler als in Deutschland und meistens auch länger. Größere Geschäfte haben oft von 9 bis 23 Uhr geöffnet und auch am Sonntag nur wenig kürzer.

▵ *Ein Glasbläser bei der Arbeit im Katharinengang* ❺

Kunsthandwerk

🔺**1** [C4] **Allikamaja Käsitöö**, Lühike jalg 6a, Tel. 6411708, www.crafts.ee, Mo.–Sa. 10–18 Uhr, So. geschl. Ein Kunsthandwerksladen mit großer Auswahl an Schmiede-, Holz-, Keramik- und Textilwaren.

🔺**2** [B4] **Bogapott**, Pikk jalg 9, Tel. 6313181, www.bogapott.ee, Sommer Mo.–Sa. 10–19, So. 10–18, Winter Mo.–Sa. 10–18, So. 10–17 Uhr. In dieser Keramikwerkstatt kann man dem Künstlerehepaar Bogatkin beim Arbeiten zuschauen. Im Laden werden auch Waren anderer Künstler angeboten. Im Café nebenan stammt sämtliches Geschirr von Herrn Bogatkin.

▵ *Glas-, Holz- und Schmiedewaren sind beliebte Mitbringsel*

🔺**3** [D3] **Eesti Esindus**, Viru 3, Tel. 6404037, tägl. 10–20 Uhr. Der zentral gelegene, große Souvenirladen bietet eine schöne Auswahl hochwertiger, überwiegend lokal produzierter Kunsthandwerksartikel. Neben Holz-, Schmiede- und Strickwaren gibt es hier auch landestypische Lebensmittel.

🔺**4** [C3] **Eesti Käsitöö Maja**, Pikk 22, Tel. 6314076, www.crafts.ee, Mo.–Sa. 10–18 Uhr, So. geschl. Gutes Sortiment mit Textilien, Holz, Metall, Keramik, daneben Ausstellungen und Workshops

▵ *In guten Souvenirläden erhält man authentisches Kunsthandwerk*

Tallinn für Kauflustige

🛍5 [C4] **Galeri Kaks,** Lühike jalg 1, Tel. 6418308, www.galeriikaks.ee, Mo.–Sa. 10–18, So. 10–17 Uhr. Galerie für estnische angewandte Kunst und Design: Schmuck, Keramik, Glas, Leder, Textil

🛍6 [C3] **Helina Tilga keraamikakauplus (1),** Rataskaevu 6,

🛍7 [C4] **Helina Tilga keraamikakauplus (2),** Lühike jalg 5 und

🛍8 [C3] **Helina Tilk Pood & Tuba,** Pikk 41, Tel. 6414515, 6313328, www.helinatilk.com, Mo.–Fr. 9/10–18, Sa. 10–17, So. 11–15 Uhr. In drei eigenen Geschäften werden buntes Geschirr (mit Tier-, Städte- und Blumenmotiven) und Heimtextilien der beliebten estnischen Keramikkünstlerin Helina Tilk verkauft. Ihre Waren sind mitunter sogar in Deutschland zu finden.

🛍9 [C4] **Hindricus,** Lühike jalg 2, Tel. 6605203, Mo.–Sa. 10–18, So. 10–16 Uhr. Das kleine Geschäft bietet ein schönes Sortiment estnischen Kunsthandwerks, etwa Filzhüte, Kleidung und Schmiedewaren. Während die Eltern einkaufen, können die Kinder schaukeln.

🛍10 [C4] **Jolleri käsitöökamber,** Müürivahe 11, Tel. 6484588, www.jollery-bunny.ee, tägl. 10–18 Uhr, im Winter sonntags geschlossen. Etwas abgelegen von den meisten Handwerksläden ist diese kleine Handwerkskammer einen Abstecher wert, insbesondere wenn man an Wolle und Gestricktem interessiert ist.

🛍11 [D3] **Katariina Gild,** Vene 12, Tel. 6445365, www.katariinagild.eu, tägl. 11–18, im Winter 12–17, Glaswerkstatt 10–17, im Winter 10–16 Uhr. Im Winter sonntags geschlossen. Im Katariina käik haben sich verschiedene Handwerker in der Katharinengilde zusammengeschlossen und ihre Werkstätten geöffnet. Man kann zuschauen, wie ein Glas oder eine Flickendecke, ein Lederumschlag oder ein Schmuckstück entsteht.

🛍12 [C4] **Lühikese Jala Galerii,** Lühike jalg 6, Tel. 6314720, www.hot.

ee/lgalerii, Mi.–Fr. 10–18, Di. und Sa. 10–17 Uhr. Traditionelle und moderne estnische angewandte Kunst: Textil, Teppiche, Keramik, Skulptur, Schmuck.

🛍13 [D3] **Meistrite Hoov,** Vene 6, Tel. 5046113, tägl. 10–18 Uhr, am Wochenende manche Läden etwas kürzer. Im „Hof der Meister", einem verwinkelten, mittelalterlichen Innenhof, kann man nicht nur guten Kaffee und leckeren Kuchen genießen, sondern auch mehrere Handwerksgeschäfte: Design, Kerzen, Schmuck, Strickwaren usw.

🛍14 [C5] **Misu Käsitööpood,** Kaarli pst 7, Mo.–Sa. 11–19 Uhr. Ein kleiner Laden voller schöner, kreativer Dinge zwischen Kunsthandwerk und zeitgenössischem Design. Verkaufsstelle für viele estnische Designer.

🛍15 [C3] **Nukupood,** Raekoja plats 18, www.nukupood.ee, Mo.–Fr. 10–18, So. 11–15 Uhr. In dem kleinen Puppenladen direkt am Rathausplatz kann man schöne Geschenke für Kinder finden: Puppen, Puppenkleidung, Puppenhäuser usw.

🔟 [C4] **Olde Hansa Krambude,** Vana turg 1, Tel. 6279020, www.oldehansa.net, So.–Do. 10–21, Fr./Sa. 10–23 Uhr. Handwerksladen mit netter mittelalterlicher Atmosphäre, der zum gleichnamigen Restaurant nebenan gehört. Hier werden Glas-, Keramik-, Textil- und Lederwaren, aber auch Gewürze angeboten. Auf jeden Fall einen Besuch wert.

🛍16 [C3] **Platsiveere Meistrid,** Pikk 15, Tel. 6313393, www.folkart.ee, Mo.– Sa. 10–18, So. 10–17 Uhr. Gegenüber dem Saiakang befindet sich ein etwas geräumigerer Kunsthandwerksladen mit Schwerpunkt auf Filz- und verschiedenen Textilwaren, auch Puppen.

🛍17 [C3] **Pühavaimu Post,** Pühavaimu 2, www.puupank.ee, tägl. 9.30–17.30 Uhr. Im Saiakang, in der Heiliggeistkirche ⑮, befindet sich ein kleiner Laden, der kleine Handwerksartikel wie Knöpfe,

Engel etc. verkauft und als kleine Post
dient.

18 [C3] **Rewill**, Vene 7, www.rewill.ee,
Mo.–Sa. 10–18, So. 10–16 Uhr. Große
Auswahl von Stoffpuppen aller Art, Woll-
waren und Souvenirs.

19 [D3] **Sepa Äri**, Olevimägi 11,
Tel. 6800971, www.ross.ee, Mo.–Fr.
10–18, Sa. 10–17, So. 10–15 Uhr. Im
Schmiedegeschäft kann man verschiedene klassische und moderne Schmiedewaren kaufen: Gartentore, Möbel,
Kerzenständer, Kaminzubehör und sogar
Treppen. Eine Fundgrube für Liebhaber
von Schmiedewaren.

20 [C3] **VeTa (1)**, Pikk 6,

21 [C3] **VeTa (2)**, Pikk 8,

22 [C3] **VeTa (3)**, Kullasepa 4,
www.veta.ee, tägl. 10–19 Uhr. In diesen drei VeTa-Läden kann man Kleidung
hauptsächlich aus Leinen, aber auch
aus Baumwolle und Wolle kaufen. In der
Pikk 6 und Kullasepa 4 gibt es Mode für
Frauen, in der Pikk 8 für Männer.

Kaufhäuser, Shoppingcenter und andere Geschäfte

23 [D4] **De La Gardie**, Viru 13,
Mo.–Sa. 10–20, So. 10–17 Uhr. Kurz
hinter dem Viru-Tor **3** fällt die moderne
Architektur des De-La-Gardie-Zentrums
auf, die geschickt einige Elemente der
historischen Bauweise aufnimmt. Im
Inneren findet man einige Geschäfte und
ein Café mit Dachterrasse.

24 [E3] **Einkaufscenter im Postgebäude
(Postimaja Kaubanduskeskus)**, Narva
mnt 1, tägl. 9–21 Uhr. Unter einem
Dach kann man hier Kleidung und
Schuhe kaufen und findet diverse Fach-
geschäfte, ein Café und einen Supermarkt vor.

▷ *Ein Hauch des St. Petersburg
der Zaren: die Fassade des
Demini-Hauses (s. S. 57)*

Shoppingareale
Die wichtigsten Shoppingbereiche der
Stadt sind im Kartenmaterial mit einer
rötlichen Fläche markiert.

56 [E4] **Kaubamaja**, Gonsiori 2,
www.kaubamaja.ee, tägl. 9–21, Lebensmittel 9–22 Uhr. Das Kaubamaja ist ein
klassisches Kaufhaus mit breiter Ange-
botspalette: Kleidung, Kosmetik, Musik,
Elektronik, Sportartikel, Spielzeug usw.
Es gibt einen Zugang vom Viru keskus.
Empfehlenswert ist das Lebensmittelgeschäft „Toidumaailm" (separater Eingang
vom Kellergeschoss des Viru keskus), in
dem man eine sehr gute Auswahl an lan-
destypischen Produkten hat.

25 [D3] **Rimi**, Aia 7, tägl. 8–23 Uhr.
Dieser Ableger einer Supermarktkette
befindet sich mitten im Zentrum und ist
daher besonders für Selbstversorger
geeignet.

26 [E3] **Rotermanni kaubamaja**,
Rotermanni 5/Roseni 10, www.
rotermann.eu, Mo.–Sa. 10–20,
So. 11–18 Uhr. Neues Einkaufszentrum
in architektonisch sehenswerter Umgebung. Internationale Bekleidungsmarken stellen einen großen Anteil der Boutiquen. In den umliegenden Gebäuden
gibt es weitere Geschäfte und gastrono-
mische Betriebe.

021tn Abb.: ta

088tn Abb.: ta

27 [D4] **Solaris**, Estonia pst 9, www.solaris.ee, tägl. 9–23, Geschäfte 10–21, Lebensmittelgeschäft 9–23, Gastronomie 10–23 Uhr. Das Solaris-Zentrum ist eine Mischung aus Kongress-, Unterhaltungs- und Einkaufszentrum. Neben Kinos und Musikbühnen findet man Kleidung und Schuhe, Kosmetik und eine Apotheke, Bücher, Lebensmittel, Blumen und vieles mehr. Im Gastronomiebereich gibt es unter anderem einen Ableger der lettischen Lido-Kette und das schöne Café Komeet (s. S. 29). Zufahrt zum Parkhaus von der Sakala Straße.

28 [F5] **Stockmann**, Liivalaia 53, www.stockmann.ee, Mo.–Sa. 9–21 Uhr, So. 10–21 Uhr. Ein großes Einkaufszentrum auf fünf Etagen im neuen Zentrum. Neben dem üblichen Angebot findet man hier eine Apotheke, Reisebüros, Schuster, Reinigung, Schönheitssalons usw. Im Erdgeschoss befindet sich ein großes, gut sortiertes Lebensmittelgeschäft mit Namen Stockmann Delikatess.

56 [E4] **Viru keskus (Viru-Zentrum)**, Viru väljak 4, www.virukeskus.com, tägl. 9–21 Uhr. Am Viru-Platz liegt, verbunden mit dem Kaubamaja, das Einkaufszentrum Viru keskus. Man kann sagen, dass das Viru keskus *das* Einkaufszentrum in der Innenstadt ist. Hier trifft man sich mit

Freunden und geht flanieren und shoppen. Im Viru keskus findet man alles, was man braucht, und noch wesentlich mehr. In mehreren Cafés, Imbissgeschäften und Restaurants kann man sich erholen. Guter Buchladen im 3. Stock (2. Stock nach dt. Zählung), Busbahnhof und Zugang zur Kaubamaja-Lebensmittelabteilung im Keller. Im Erdgeschoss kann es voll werden, ansonsten kann man hier angenehm Zeit verbringen.

Märkte

Einfache Märkte, auf denen sich die Bewohner eines Stadtviertels mit Gemüse und anderen Lebensmitteln versorgen, wird man in Tallinn vergeblich suchen. Neben den hier genannten Märkten gibt es in den Vororten Markthallen und Marktgelände mit festen Verkaufsbuden.

29 [B2] **Jaama turg**, Kopli 1, Bahn 1 und 2 Hobujaama bis Balti jaam oder Telliskivi, geöffnet: tägl. 9–18, Sa./So. 9–17 Uhr. Neben dem Bahnhof, der selbst etwas von der Sowjetatmosphäre beibehalten hat, findet man den Bahnhofsmarkt. Außer Sauerkraut und eingelegten Gurken gibt es Trödel, Kleidung und Geschirr. Hier kann man leicht vergessen, dass man sich mitten im Tallinn des 21. Jahrhunderts befindet.

Tallinn für Genießer

Essen und Trinken

Die estnische Küche weist **Gemeinsamkeiten mit der deutschen, russischen und skandinavischen Küche** auf und hat doch einen ganz eigenständigen Charakter. Traditionell aß eine estnische Bauernfamilie viel Fisch, etwa Strömlinge, und auch Steckrüben, Getreide und Getreidebreie, Graupen, Hülsenfrüchte und Schwarzbrot. Viele volkstümliche Speisen wie Sülze, Blutwurst, Sauerkraut, Schweinebraten und Sauerkrautsuppe sind bis heute sehr beliebt. Sie ähneln den in Deutschland bekannten Gerichten, werden in Estland nur etwas anders zubereitet. So bereichert man das Sauerkraut mit Graupen oder Kümmel, Blutwurst gibt es nur heiß mit Preiselbeermarmelade zu Kartoffeln und Sauerkraut. Auch wenn ein Gericht dem Namen nach vertraut klingt, lohnt es sich daher, diese Speisen in einem estnischen Restaurant zu kosten.

Zu den **slawischen Einflüssen** kann man die große Verbreitung von Suppen, Eintöpfen und Piroggen zählen, dazu Zutaten wie Buchweizen. Durch die gemeinsame sowjetische Geschichte sind zudem einige Spuren kaukasischer Küche sichtbar, etwa Trockenfleisch und Würzsoßen, die man im Supermarkt manchmal findet, vor allem aber in Form von Restaurants und Imbissstuben. Neben dieser gewachsenen estnischen Küche gibt es zunehmend Versuche, heimische Traditionen mit mediterranen und asiatischen Einflüssen zu kombinieren. Einige der Restaurants in Tallinn haben sich gerade dieser speziellen Form der Fusion-Küche verschrieben.

EXTRATIPP

Imbiss beim Shoppen

> Im **Viru-Einkaufszentrum** gibt es zahlreiche Möglichkeiten sich zu verpflegen. Besonders empfehlenswert sind die ruhigen und schönen Cafés Bestseller (s. S. 29) und More im Buchladen Rahva Raamat im 3. bzw. 4. Stock.
> Im Erdgeschoss des **Kaubamaja** (s. S. 19), mit Blick auf die Kaubamaja-Straße, liegt das Café Mmuah (www.mmuah.ee), in dem zahlreiche raffinierte Kleinigkeiten geboten werden.
> Im **Solaris-Einkaufszentrum** (s. S. 20) gibt es von Burgern und Sushi über Eiskrem bis hin zu feinen Torten für jeden Geschmack etwas.

30 [F5] **Keskturg**, Keldrimäe 9, Bahn 2 und 4 Hobujaama bis Keskturg, geöffnet: tägl. 7–17, So. 7–16 Uhr. Der Tallinner Zentralmarkt ist nicht nur ein Lebensmittelmarkt, auf dem man frisches Obst und Gemüse, Fleisch und Käse günstig kaufen kann, sondern auch eine große Gemischtwarenhandlung. In kleinen Kioskbuden, an überdachten Ständen und in der Markthalle gibt es neben nützlichen Alltagsgegenständen reichlich *trash*.

31 [E2] **Sadama turg**, Sadama 25-4, www.sadamaturg.ee, tägl. 9–19 Uhr. Supermarkt im Stil einer Markthalle mit einem guten Angebot an lokal produzierten, hochwertigen Lebensmitteln. Es gibt viele Bioprodukte, Handwerkskunst und nebenan ein kleines Café. Großer Parkplatz.

◁ *Auf dem Rathausplatz gibt es hin und wieder Märkte, auf denen Kunsthandwerk angeboten wird*

Verständigungsprobleme in der Küche

> Der normale **estnische Senf** ist sehr scharf.

> **Brot und Weißbrot** haben unterschiedliche Bezeichnungen, „leib" und „sai". Ein etwas dunkleres Weißbrot heißt „sepik" (Grobweizenbrot).

> Ein „**kotlet**" ist nichts anderes als eine **Frikadelle**, „Frikadell" dagegen bezeichnet ein kleines Fleischbällchen, etwa in der Suppe („frikadellisupp") oder in der Soße. Das,

was man auf Deutsch unter **Kotelett** versteht, heißt „**karbonaad**".

> Wer „**viin**" bestellt, bekommt **Wodka**. Wer Wein haben wollte, hätte nach „**vein**" (sprich: wäin) fragen müssen.

> Unter „**vinegrett**" versteht man in Estland in erster Linie einen **Salat** aus Roter Bete, Zwiebeln, Kartoffeln, Karotten, sauren Gurken und Sauerkraut mit einem Essig-Öl-Dressing.

Hauptsächlich in der **Weihnachtszeit** legt man gerade im Familienkreis Wert auf traditionelles Essen. Dann stehen auf jeden Fall Schweinebraten, Blutwurst, Kartoffeln, Sülze, Sauerkraut, Preiselbeermarmelade, aber auch der leckere Kartoffelsalat (der hier mit Erbsen und Möhren zubereitet wird) oder der Hering-Rote-Bete-Salat *rosolje* auf dem Tisch. Eine Besonderheit der estnischen **Tischsitten** ist, dass man sich nach dem Essen bedankt, nicht unbedingt direkt beim Koch oder der Köchin, sondern ähnlich wie man auch „Guten Appetit" sagen würde.

Die **Einkäufe** erledigen die meisten Menschen heute in Supermärkten. Diese haben lange geöffnet, sodass es kein Problem ist, auch nach einem langen Arbeitstag einzukaufen. Gleichzeitig kochen die Esten aber oft selber Marmelade, legen Gemüse ein und gehen Pilze sammeln. Dies gilt auch für junge Leute und Stadtmenschen. Viele verarbeiten eigene Beeren, Obst und Gemüse, entweder selbst angebaut oder von Verwandten und Bekannten. In Lebensmittelläden und auf dem Markt findet man

saisonales einheimisches Obst und Gemüse, nach und nach auch aus ökologischem Anbau.

Kulinarischer Tagesablauf

Wie, was und wann Esten essen, kann von Familie zu Familie natürlich ganz unterschiedlich sein, traditionelle Muster haben sich weitgehend aufgelöst. Aber es gibt **einige Besonderheiten**, die Vorlieben betreffend. In Estland frühstückt man nicht süß, sondern herzhaft. Brot mit Butter und einem süßen Belag ist ungewöhnlich, lieber belegt man das Brot mit Wurst und Käse. Ein Marmeladen- oder Honigbrot, immer mit Weißbrot und ohne Butter, isst man eher am Nachmittag. Viele Familien fangen ihren Tag mit einem Grieß- oder Haferflockenbrei an. Den isst man mit einem „Butterauge" oder mit Marmelade. Üblich sind auch Speisen wie Spiegelei oder Bratkartoffeln. Dagegen wird man vergeblich Esten suchen, die auswärts mit Freunden frühstücken gehen, brunchen oder ein zweites Frühstück zu sich nehmen.

Zum Mittagessen gehen viele Berufstätige in eine **Imbissbude, Kan-**

tine oder in ein **Restaurant**. Dazu wird Kefir oder Milch getrunken. In den Schulen gibt es warmes Mittagessen für alle Schüler von der ersten bis zur neunten Klasse. Am Nachmittag wird man sicher einmal einen Esten im Café sehen, aber insgesamt haben „Kaffee und Kuchen" nicht die Bedeutung wie im deutschsprachigen Raum.

Da neben den Vätern auch die Mehrzahl der Mütter berufstätig ist, sieht die ganze Familie sich erst am Abend wieder und isst dann zusammen. Oft gibt es dann leichtes, warmes Essen. Zu jeder Mahlzeit, nicht nur zu Suppen, steht Brot bereit. Brot ist einfach eins der wichtigsten Nahrungsmittel. Das erkennt man auch an den vielen **Redensarten rund ums Brot**. So heißt Guten Appetit *Jätku leiba!,* also „Möge das Brot reichen!". Wenn zwei Menschen heiraten, sagt man, dass sie „die Brote in einen Schrank legen".

Empfehlenswerte Lokale

Für Freunde des guten Essens hat Tallinn einiges zu bieten. Die Restaurantlandschaft ist abwechslungsreich: Von traditioneller estnischer Küche bis zu französisch inspirierten Spitzenrestaurants ist alles dabei, ebenso findet sich für jeden Geldbeutel etwas.

Wirklich billig ist das Ausgehen in Tallinn schon lange nicht mehr, aber es ist immer noch möglich, etwas un-

Preiskategorien Restaurants

€	bis 8 €
€€	8-12 €
€€€	12-18 €
€€€€	ab 18 €

(durchschnittlicher Preis für ein Hauptgericht)

terhalb des durchschnittlichen westeuropäischen Preisniveaus satt zu werden. Wer die Spezialitäten unter Tallinns Restaurants kennenlernen möchte, wie das **Knoblauchrestaurant Balthasar** (s. S. 27) oder das **Mittelalterlokal Olde Hansa** ❿, muss sich allerdings mit teilweise saftigen Preisen abfinden. Dafür bieten nicht nur diese beiden Adressen hervorragende Speisen an. Die Auswahl in diesem Buch legt den Schwerpunkt auf Restaurants, die im weitesten Sinne als typisch für Tallinn gelten können. Dazu zählen solche, die estnische, russische und kaukasische Küche bieten. Natürlich gibt es aber in Tallinn, wie andernorts auch, gute mediterrane und asiatische Restaurants. Eine Besonderheit in Estland ist, dass einfache Kneipen oder Cafés vollwertige, warme Tellergerichte anbieten. Außerdem kann man die **Reisekasse schonen**, wenn man um die Mittagszeit, häufig 12–15 Uhr, das **Tagesgericht** *(päevapraad)* bestellt. Soweit nicht anders erwähnt, liegen die Restaurants in der Altstadt.

Insgesamt sind die Speisekarten in Tallinn sehr fleischlastig. Das eine oder andere vegetarische Gericht findet man in den meisten Restaurants, allzu üppig ist die Auswahl allerdings nicht.

Gastro- und Nightlife-Areale

Bläulich hervorgehobene Bereiche in den Karten kennzeichnen Gebiete mit einem dichten Angebot an Restaurants, Bars, Klubs, Discos etc.

Estnische und internationale Küche

🕿32 [C3] **Kaerajaan** €€€, Raekoja plats 17, Tel. 6155400, www.kaerajaan.ee, täglich 12–22 Uhr. Die Gerichte verbinden klassische estnische Küche mit modernen internationalen Kochtrends. Dasselbe Prinzip wurde beim Interieur angewandt, wo traditionelle Muster in kühles modernes Design eingebunden sind. Hier sind kulinarische Entdeckungen möglich – außerdem kann man das Treiben auf dem Rathausplatz beobachten.

🕿33 [ci] **Kohalik** €–€€, Koidu 82, Tel. 56636996, www.kohalik.ee, So.–Mi. 11–22, Do.–Sa. 11–23 Uhr. In dem etwas außerhalb im Viertel Uus maailm gelegenen Restaurant wird großer Wert auf lokale Zutaten gelegt, u. a. auch bei den Fischgerichten. Entspannte und unkonventionelle Atmosphäre, ein bisschen wie auf dem Land.

🕿34 [ch] **Kohvik Moon** €€€, Võrgu 3, Tel. 6314575, www.kohvikmoon.ee, Di.–Sa. 12–23 Uhr, So. 13–21 Uhr, im Juli geschlossen. Schönes kleines Café-Restaurant mit persönlicher Atmosphäre und einem Schwerpunkt auf Mohn. Die Straße ist nicht auf allen Stadtplänen zu finden, stattdessen Kalaranna ansteuern.

🕿35 [B2] **Kohvik Sesoon** €, Niine 11, Tel. 58665558, Mo.–Sa. 11–23, So. 11–17 Uhr. Sehr angenehmes, eher alternatives Restaurant im Stadtteil Kalamaja mit preiswerter, guter Küche.

Estnische Küche – Kama, Kali und Kohuke

Hier einige typische und möglicherweise erklärungsbedürftige Speisen und Getränke:

› *Hapukapsasupp - Sauerkrautsuppe. Esten essen Sauerkraut in jeder Form. Der Suppe verleiht es einen frischen, säuerlichen Geschmack.*

› *Kali - eine fermentierte Limonade, die ursprünglich aus Brot hergestellt wurde, ähnlich dem russischen Kwas. Der nächste mitteleuropäische Verwandte ist am ehesten Malzbier.*

› *Kama - eine Mischung aus geröstetem Getreide- (Gerste, Roggen und Hafer), Erbsen- und Bohnenmehl. Meist wird es in Joghurt eingerührt. Klingt seltsam, schmeckt aber gut.*

› *Kaneelirullid - Zimtschnecken sind eine beliebte Süßspeise.*

› *Karask - eine Art Brotfladen mit Quarkteig und Gerstenmehl. Praktisch fürs Picknick.*

› *Kilud - Sprotten. In traditionellen Imbissstuben auf Schwarzbrot als Snack zu finden.*

› *Kohuke - im Kühlregal der Supermärkte findet man kleine schokoladenummantelte Quarkröllchen in vielen Varianten. Kohuke ist eigentlich ein Markenname, mittlerweile gibt es zahlreiche andere Hersteller, die das Sortenspektrum noch erweitert haben. Unbedingt probieren.*

› *Kommid - Pralinen gibt es in zahllosen Formen. Sie werden gern verschenkt. Der größte industrielle Hersteller ist Kalev, der u. a. im Rotermann-Viertel ein eigenes Geschäft betreibt.*

› *Mulgi kapsad - gedünstetes Sauerkraut mit durchwachsenem Schweinefleisch und Graupen. Der Name stammt von einem Gebiet im südlichen Estland, Mulgimaa, in dem besonders viele Graupen gegessen wurden.*

⌂**36** [ah] **Kolu kõrts** €-€€, Vabaõhumuuse-umi tee 12, Tel. 6549118, tägl. 10–20, im Winter 10–17 Uhr. Im Freilichtmuseum gibt es traditionelle estnische Küche: Erbsensuppe, Mulgi kapsad, Nachspeisen mit Kama und Roggenbrot.

⌂**37** [C3] **Kuldse Notsu Kõrts** €€€, Dunkri 8, Tel. 6286567, www.hotelstpetersbourg.com, tägl. 12–23 Uhr. Essen wie auf dem Land in guter alter Zeit: Das ist der Anspruch des Restaurants und dem wird es auch gerecht. Im schönen Keller oder an den Plätzen auf der Straße kann man Blutwurst, Sauerkraut, Braten und was die estnische Küche sonst noch so hergibt genießen.

⌂**38** [D2] **Leib** €€€, Uus 31, Tel. 6119026, www.leibresto.ee, Mo.–Sa. 12–15 u. 18–23 Uhr. Zu selbstgebackenem Brot (estn.: *leib*) gibt es die zurzeit in Estland angesagte modern-traditionelle Küche mit Haute-Cuisine-Anstrich. Im Sommer schön zum Draußensitzen. Eingang über die Treppe in den Innenhof, an der Sean-Connery-Büste vorbei.

⌂**39** [C3] **Rataskaevu 16** €€-€€€, Rataskaevu 16, Tel. 6424025, So.–Do. 12–23, Fr./Sa. 12–24 Uhr. Hervorragende Küche und tolles Ambiente. Zu den Hauptzeiten sollte man reservieren.

⌂**40** [C3] **Ribe** €€€, Vene 7, Tel. 6313084, www.ribe.ee, Mo.–Sa. 12–23 Uhr. Hochwertige estnische und europäische Küche, die bereits mehrfach ausgezeichnet wurde. Mit saisonalen Zutaten. Das Ambiente ist stilvoll und modern.

〉 *Mulgipuder* – Brei aus Kartoffeln und Graupen. Serviert wird dieser mit angebratenem Speck und Zwiebeln.

〉 *Õlu* – das heimische Bier steht dem Wodka in nichts nach. Die größten Brauereien sind Saku und A. Le Coq. Bekannt sind außerdem die Marken der Wiru-Brauerei wie Puls und die Biere der Marke Karksi.

〉 *Pelmeenid* – diese eigentlich russischen, tortellini-artigen Teigtaschen gibt es gekocht, frittiert oder gebacken in vielen Varianten. Sehr gut mit saurer Sahne (hapukoor).

〉 *Pirukad (Ez. pirukas)* – der Klassiker schlechthin. Alle Formen gefüllter Teigwaren gehen als Piroggen durch, süß oder herzhaft, aus Hefe-oder Blätterteig. Die meisten haben etwa die Größe eines halben Brötchens. Klassische herzhafte Füllungen sind: geriebene Karotten mit Ei, Weißkohl, Pilze, Wiener Würstchen

und Hackfleisch. Man bekommt sie praktisch in jedem Café, in Bäckereien und in Supermärkten.

〉 *Rosolje* – ein Salat aus Rote Bete, Kartoffeln, Karotten, Hering, sauren Gurken, Äpfeln, gekochtem Rindfleisch oder Schweinebraten und Eiern. Mit einer Soße aus saurer Sahne, Senf, Salz und Zucker.

〉 *Vana Tallinn* – der „Alt-Tallinn" nennt sich Likör, hat aber bereits in der leichten Ausführung 40 % Alkoholgehalt. Er wird pur getrunken, als Cocktailzutat verwendet oder veredelt Kaffee und Tee.

〉 *Verivorst* – Blutwurst, die aber in Estland im Ofen erhitzt wird und mit Kartoffeln eine vollwertige Mahlzeit ergibt.

〉 *Viin* – Wodka ist neben Bier das wichtigste alkoholische Getränk. Die heimischen Sorten wie z. B. Viru valge oder Saaremaa sind von hervorragender Qualität.

Tallinn für Genießer

41 [C3] **Vanaema juures** €€€, Rataskaevu 10/12, Tel. 6269080, www.vonkrahl.ee/vanaemajuures, Mo.–Sa. 12–22, So. 12–18 Uhr. Der Name bedeutet „Bei Großmutter" und so ist es: ein gemütlicher Keller, traditionelle Küche – rundum empfehlenswert.

Russische und kaukasische Küche

42 [ak] **Pirosmani** €, Üliõpilaste 1, Tartu mnt 152, Tel. 6393246, www.pirosmani.ee, täglich 10–24 Uhr. Nicht zentral und keine feine Restaurantatmosphäre, aber seit vielen Jahren eine feste Adresse für günstiges und sehr schmackhaftes georgisches Essen. Der Hauptsitz ist an der Ülioilaste tee, an der Tartu mnt gibt es eine Außenstelle, die etwas früher schließt.

43 [D3] **Pushkin** €€–€€€, Mere pst 5, Tel. 6313636, So.–Do. 11–21, Fr./Sa. 11–22 Uhr. Klassisches Café und Restaurant mit authentischen russischen Speisen. Durch den Hinterausgang gelangt man direkt in das russische Kulturzentrum.

44 [C3] **Troika** €€€–€€€€, Raekoja plats 15, Tel. 6276245, www.troika.ee, tägl. 10–23 Uhr. Russische Küche, garniert mit Bedienungen in traditionellen Kostümen, Livemusik und Mi.–Sa. sogar Tanzvorführungen. Wenn man das nicht kitschig findet, kann man es genießen.

Aus aller Welt

45 [D2] **African kitchen** €€, Uus 32/34, Tel. 6442555, www.africankitchen.ee, So.–Do. 12–24, Fr./Sa. 12–2 Uhr. Hier gibt es gemütliche Sofas, afrikanische Klänge, neue Cocktailkreationen und eine schöne Terrasse – ein echter Tipp, wenn man nichts gegen exotische Geschmäcker hat.

46 [D3] **Chakra** €€€, Bremeni käik 1, Tel. 6412615, www.chakra.ee, tägl. 12–23 Uhr, Fr./Sa. bis 1 Uhr. Hochwertige, authentisch indische Küche in besonders schönem Ambiente. Auch eine Adresse für Vegetarier.

47 [D3] **Controvento** €€–€€€, Vene 12 (Katariina käik), Tel. 6440470, www.controvento.ee, tägl. 12–22.45 Uhr.

087tn Abb.: ta

Gehobenes italienisches Restaurant, schöne Plätze, oben mit Blick auf die romantische Gasse.

48 [C3] **Elevant** €€€, Vene 5, Tel. 6313132, www.elevant.ee, tägl. 12–23 Uhr. Alteingesessenes indisches Restaurant, geschmackvoll eingerichtet, leckeres Essen.

49 [ci] **Gotsu (Kim's Kitchen)** €, Pärnu mnt 62A, Tel. 6140022, www.gotsu.ee, Mo.–Fr. 12–20 Uhr. Sehr angenehmes, kleines koreanisches Restaurant. Wenn man etwas Ausgefallenes sucht, lohnt dieses etwas außerhalb gelegene Restaurant die Anfahrt.

50 [ch] **Köleri 2** €€–€€€, Köleri 2, Tel. 6005688, www.koleri2.ee, Mo.–Fr. 11–23, Sa. 12–23, So. 12–21 Uhr. Café-Restaurant in Kadriorg mit schönen Räumlichkeiten und leckeren Crêpes in vielen Varianten.

51 [D3] **Lusikas** €€€, Aia 7, Tel. 6463030, www.restoranlusikas.ee, Mo.–Sa. 12–23, So. 12–21 Uhr. Modernes, eher gehobenes Restaurant. Französisch inspirierte Küche.

52 [C4] **Pizza Americana** €€, Müürivahe 2, Tel. 6448837, www.americana.ee, geöffnet: tägl. 11.30–22.30 Uhr. Amerikanische Kochkunst, insbesondere Pfannenpizza in vielen Varianten. Seit Jahren eine feste Adresse in Tallinn, unter der man sich relativ günstig satt essen kann.

53 [C4] **Schnitzelhaus** €€, Rüütli 28/30, Tel. 6450059, www.schnitzelhaus.ee, tägl. 12–24 Uhr. Uriges Gasthaus in schönem Gewölbekeller für alle, die Heimweh verspüren. Der Eingang liegt in einem Innenhof.

Spezielle Restaurants

54 [C3] **Balthasar** €€€€, Raekoja plats 11, Tel. 6276400, www.balthasar.ee, tägl. 12–24 Uhr. Spitzenküche mit dem gewissen Extra: Fast alle Gerichte werden mit Knoblauch zubereitet, sogar der Nachtisch. Schöner Innenhof, umfangreiche Weinkarte.

55 [ch] **F-hoone** €, Telliskivi 60a, Tel. 53226855, tägl. 10–24, So. bis 22 Uhr. Alternatives Bar-Restaurant im Gebäude „F" eines großen, noch sehr düster wirkenden Industriekomplexes (daher der Name), der sich langsam zu einem Kreativcampus wandelt.

10 [C4] **Olde Hansa** €€€€, Vana turg 1 und Vanaturu kael 8, Tel. 6279020, www.oldehansa.ee, tägl. 10–24 Uhr. Kein anderes Tallinner Restaurant, das sich mittelalterlich gibt, setzt es so konsequent um wie das Olde Hansa. Der Speiseplan enthält daher z. B. keine Kartoffeln und keinen Mais, dafür Pfefferschnaps und Zimtbier. Zu Recht sehr beliebt bei Touristen jeder Herkunft. Es gibt Eingänge auf beiden Seiten des Hauses. Die beiden Teile des Restaurants sind nicht verbunden, die Speisekarte ist aber die gleiche.

56 [C4] **Peppersack** €€€, Viru 2/Vana turg 6, Tel. 6466800, www.peppersack.ee, tägl. 8–24 Uhr (vormittags nur Frühstück), im Winter So. 9–23 Uhr. Mittelalter-Themen-Restaurant mit urigem Ambiente, breitem Angebot an gegrilltem Fleisch und allabendlicher Duellvorführung um 20.30 Uhr.

57 [C3] **Turg** €€–€€€, Mündi 3, Tel. 6412456, www.turg.ee, tägl. 11.30–24 Uhr. Die Mischung aus Grill, Pizzeria, Buffet und Restaurant (der Name bedeutet „Markt") ist zentral und bietet eine ordentliche kulinarische Grundversorgung. Die Hauptgerichte sind zwar nicht billig, aber Pizza und Buffet gibt es preiswert, jedenfalls wenn man die Lage fast am Rathausplatz berücksichtigt.

◁ *Das F-hoone ist einer der Treffpunkte der Alternativkultur in Tallinn*

025tn Abb.: ta

58 [C3] **Von Krahli Aed** €€, Rataskaevu 8, Tel. 6269088, www.vonkrahl.ee/aed, geöffnet: Mo.–Sa. 12–24, So. 12–18 Uhr. Das Restaurant bietet hochwertige, gesundheitsbewusste Küche in einem schick renovierten Altstadthaus. Gute Auswahl an vegetarischen Gerichten.

Imbissstuben

59 [D4] **Eat** €, Väike-Karja 3/Sauna 2, www.eat.ee, Mo.–Sa. 11–21 Uhr. Kleine Kantine im Keller, in der man für wenig Geld verschiedene Sorten Pelmeni (russische Teigtaschen) bekommt. Wer gut und günstig essen will und keinen Wert auf feine Restaurantatmosphäre legt, kommt am Eat nicht vorbei.

60 [C4] **Square Kebab** €, Vabaduse väljak 9, Tel. 6999550, www.squarekebab.ee, Mo.–Fr. 11–22, Sa./So. 12–22 Uhr. Gutes türkisches Schnellrestaurant im Tunnel unter dem Freiheitsplatz.

61 [D5] **Söörikukohvik** €, Kentmanni 21, Tel. 6605002, www.soorikukohvik.ee, Mo.–Fr. 8–20, Sa./So. 9–19 Uhr. Nettes, kleines Café mit Kantinencharakter. Snacks und warmes Essen zu günstigen Preisen.

62 [E3] **Tommi Grill Metro** €€, Viru väljak 2, Tel. 6622099, www.tommigrill.ee, Do.–Sa. 10–2 Uhr, So.–Mi. 10–24 Uhr. Gutes, einfaches Imbiss-Restaurant. Der Eingang liegt vom Viru-Platz aus gesehen auf der Rückseite des Gebäudes.

Weinstuben

63 [C4] **Gloria Veinikelder**, Müürivahe 2, Tel. 6406804, www.gloria.ee, geöffnet: Mo.–Sa. 12–23 Uhr. Alteingesessene Weinstube mit guter Auswahl. Der Weinkeller ist in die Stadtmauer gebaut.

64 [C3] **In vino veritas**, Lai 6, Tel. 6418440, www.invinoveritas.ee, geöffnet: tägl. 12–23. Das kleine Restaurant mit familiärer Atmosphäre hat nicht nur eine hervorragende Weinauswahl, sondern auch leckere Kuchen und gutes Essen im Angebot.

⌂ *Kaffee und Kuchen zur Auswahl im Reval Café (1), s. S. 31*

65 [C4] **Vinoteek Musi,** Niguliste 6, Tel. 6443100, www.musi.ee, tägl. 17–24 Uhr. Gemütliche kleine Weinstube. Auch warme Küche. Der perfekte Platz nach einem Konzert in der Nikolaikirche 44 .

Cafés

> **Bogapott** (s. S. 17)

66 [ch] **Boheem,** Kopli 18, Tel. 6311928, www.boheem.ee, tägl. 9–23 Uhr, Sa./So. 10–23 Uhr. Hinter dem Bahnhof gelegen. Das Boheem markierte eines der ersten Anzeichen für den beginnenden Wandel im Viertel Kalamaja und ist bis heute ein beliebter Treffpunkt für Alternative und Kreative. Eine entspannte Atmosphäre und günstige Pfannkuchen sorgen dafür, dass das Boheem häufig sehr gut besucht ist.

67 [E5] **Boulevard** @@, Liivalaia 33, Tel. 6315860, www.cafeboulevard.ee, geöffnet: tägl. 7–23, Fr./Sa. 7–24 Uhr. Im Radisson Blu Hotel Olümpia, doch davon sollte man sich nicht abhalten lassen, denn der Cafébereich ist angenehm ruhig, hell und sauber und die Kuchen sind erstklassig.

68 [E4] **Café Bestseller,** Viru väljak 4/6, Tel. 53467196, tägl. 9–21 Uhr. Im Buchladen Rahva Raamat im dritten Stock des Viru-Zentrums gelegen.

69 [dh] **Café im KUMU,** Weizenbergi 34/ Valge 1, Tel. 6026164, www.revalcafe. ee, Mo./Di., Do.–So. 10–18 Uhr, Mi. 10–20 Uhr. Das Café befindet sich im Kunstmuseum. Hervorragendes Gebäck, Frühstück, warme Gerichte.

70 [dh] **Café-Restaurant Katharinenthal,** Weizenbergi 22, Tel. 6011055, www.

katharinenthal.ee, Di.–Fr. 8–20, Sa./So. 10–20 Uhr. Klassisch schönes Café am Rande des Kadriorg-Parks. Auch gut zum Draußensitzen.

71 [C4] **Elsebet** @@, Viru 2, Tel. 6466995, tägl. 8–17 Uhr, im Winter So. 9–17 Uhr. Das Café des Peppersack-Restaurants kann mit historischen Räumlichkeiten aufwarten, liegt zentral und hat gute Piroggen im Angebot. Trotz des touristischen Trubels ringsum muss man diesen Laden nicht meiden.

72 [D3] **Josephine** @@, Vene 16, Tel. 6418291, www.pierre.ee, geöffnet: ab 9 Uhr. Opulentes Interieur und echte Kalorienbomben sorgen für leuchtende Augen bei Freunden des klassischen Cafés.

73 [C3] **Kehrwieder Chocolaterie** @@, Saiakang 1, Tel. 5245645, www.kohvik. ee, geöffnet: tägl. 8–24 Uhr, Fr./Sa. 8–1 Uhr. Urgemütliches, originell gestaltetes Café mit leckerem Gebäck und Kaffee und einer äußerst mächtigen heißen Schokolade. Ein moderner Klassiker unter den Tallinner Cafés. Neben der hier genannten gibt es noch zahlreiche weitere Filialen.

74 [D4] **Komeet,** Estonia pst. 9, im Solaris-Center, 4. Stock, Tel. 6140090, www.kohvikkomeet.ee, Mo.–Sa. 10–23, So. 10–22 Uhr. Schönes Café mit hervorragendem Kuchen, auch warme Küche. Toller Blick aus der großen Fensterfront oder von der Dachterrasse. Auch vegane Gerichte stehen auf der Karte. Kinderfreundlich.

75 [E4] **Lounge 24,** Rävala pst 3, im Radisson Blu Hotel, Tel. 6823424, tägl. 12–2 Uhr. Auch wenn eine Hotelbar für die meisten nicht die erste Anlaufstelle sein dürfte: Diese hier ist eine Ausnahme. Der Ausblick von der Terrasse des namensgebenden 24. Stockwerks ist einzigartig, die angebotenen Snacks sind gut, das alles hat aber auch seinen Preis.

WLAN-Hotspots

Lokalitäten mit WLAN-Hotspots sind hier mit „@@" gekennzeichnet.

Tallinn für Genießer

76 [C3] **Maiasmokk** ⍟⍟, Pikk 16, Tel. 6464079, Mo.–Fr. 8–21, Sa. 9–21, So. 9–20 Uhr. Klassisches Café, dessen Gründung auf das Jahr 1864 zurückgeht. Es ist damit Tallinns ältestes Café. Berühmt für Marzipan und Kuchen, aber auch die herzhaften Piroggen sind lecker. Allein schon die Einrichtung ist einen Besuch wert.

77 [C4] **Matilda** ⍟⍟, Lühike jalg 4, Tel. 6816590, www.matilda.ee, Mo.–Sa. 9–19, So. 9–18 Uhr. Feines, klassisches Café mit ausgefallenen Kuchen- und Tortenkreationen

78 [D4] **Must puudel**, Müürivahe 20, Tel. 5056258, Mo./Di. 9–23 Uhr, Mi. 9–1 Uhr, Do.–Sa. 9–2 Uhr, So. 9–23 Uhr. Im Schwarzen Pudel

(Must puudel) werden neben leckeren Kuchen auch Frühstück und einfache Gerichte geboten. Die lockere, alternative Atmosphäre und die im Retro-Stil gestalteten Räume bieten sich auch an, um am Abend auf einen Drink hereinzukommen.

79 [dh] **Nop** ⍟⍟, Köleri 1, in Kadriorg, Tel. 6032270, www.nop.ee, tägl. 8–21 Uhr. Nop steht für „Nachbarschaftlich, organisch, praktisch". Hinter diesen Schlagworten verbirgt sich eine Mischung aus Bio- und Feinkostladen mit angeschlossenem Café. Für ein Café ist das Speiseangebot allerdings sehr umfangreich. Berühmt sind die Brownies. Kinderspielecke vorhanden. Die relaxte, alternative Atmosphäre macht

Für den späten Hunger

80 [D4] **Hesburger.** Der Ableger der finnischen Burgerschmiede in der Viru 27A (ein kleines Stück vor der Stadtmauer) hat unter der Woche bis 23, Fr.–Sa. sogar bis 6 Uhr geöffnet.

81 [D4] **Istanbul Kebab**, Estonia pst 7, tägl. rund um die Uhr geöffnet. Kebab, das erfolgreichste Gericht der Welt, gibt es gegenüber dem Solaris-Center.

82 [C4] **Taco Express**, Suur-Karja 18, Mo.–Fr. 9–7, Sa.–So. 11–10 Uhr. An mexikanischer Küche orientiertes Fastfood.

Lokale mit guter Aussicht

❯ **Lounge 24.** Den wohl besten Blick über die Stadt kann man praktischerweise bei einem Stück Kuchen oder einem gezapften Bier genießen (s. S. 29).

83 **Paat**, Rohuneeme tee 53. Ob sich die Anreise lohnt, muss man sich überlegen, aber die Aussicht auf das Meer und die Türme der Stadt ist erstklassig. Außerdem kann man überdacht und windgeschützt draußen sitzen.

❯ Im **Komeet** (s. S. 29) kann man auf der Dachterrasse des Solaris-Centers mit tollem Blick auf die Estonia-Halle **50** speisen.

Dinner for one

In Tallinn dürfte man in den meisten Restaurants und Kneipen auch allein angenehm essen können. Die passende Atmosphäre und kleine Tische bieten z. B. die Cafés **Komeet** (s. S. 29) und **Nop** (s. S. 30) sowie die Restaurants **Von Krahli Aed** (s. S. 28) und **Leib** (s. S. 25).

Lecker vegetarisch

Nach wie vor ist Fleisch die wichtigste Zutat der estnischen Küche, aber auch Vegetarier können in Tallinn lecker essen: **Chakra** (s. S. 26) und **Elevant** (s. S. 27): Die beiden indischen Restaurants bieten jeweils auch vegetarische Gerichte. Die Restaurants **Von Krahli Aed** (s. S. 28) und **Kohalik** (s. S. 24) bieten ebenfalls eine etwas größere Auswahl an vegetarischen Speisen als andere Restaurants.

das Nop zu einer echten Abwechslung in Tallinn.

⭕**84** [B3] **Olematu Rüütel**, Kiriku põik 4a, Tel. 6313827, www.olematu.ee, tägl. 9–23 Uhr. Café, Restaurant und Gästehaus. Gute Anlaufstelle auf dem Domberg, wenn man sich im Sommer erfrischen oder im Winter aufwärmen will. Für kleinere Gruppen wird auf Vorbestellung auch eine Verkostung estnischer Fruchtweine veranstaltet. Freundliche, persönliche Atmosphäre.

⭕**85** [C3] **Pierre Chocolaterie** ⓔ, Vene 6, Tel. 6418061, www.pierre.ee, tägl. ab 9 Uhr, in der Nebensaison evtl. kürzer. Hier gibt es tolle Torten, guten Kaffee die Möglichkeit zum Draußensitzen.

⭕**86** [C3] **Reval Café (1)** ⓔ, Vene 1, Tel. 6446473, www.revalcafe.ee, Mo.–Do. 8–22, Fr./Sa. 8–23, So. 8.30–21 Uhr. Sehr zentral gelegenes Café mit guter Auswahl an Getränken und kleinen Speisen. Der schönste Platz ist oben im kleinen Erker.

⭕**87** [C5] **Reval Café (2)** ⓔ, Pärnu mnt 27, Tel. 6461656, www.revalcafe.ee, Mo.–Sa. 7.30–23, So. 8.30–22 Uhr. Größere Filiale der populären Cafékette mit entsprechend umfangreicher Auswahl. Gut für eine Rast auf dieser Seite der Neustadt.

⭕**88** [C4] **Vanalinna kohvik** ⓔ, Suur-Karja 3, Tel. 6444365, geöffnet: Mo.–Sa. 8–20, So. 9–19 Uhr. Schlichtes, aber relativ preiswertes und für einen Snack empfehlenswertes Café.

⭕**89** [C3] **Weckengang** ⓔ, Saiakang 3, Tel. 6443055, www.saialill.ee, geöffnet: Mo.–Do. 9–20, Fr./Sa. 9–21, So. 10–20 Uhr, im Winter etwas kürzer. Nettes kleines Café, sehr zentral. Rundum empfehlenswert für Kaffee, Kuchen und kleine Snacks.

🔺 *Auch zu später Stunde sind die Biergärten noch gut gefüllt*

026tn Abb._ta

Tallinn am Abend

Tallinn bietet für die meisten Altersgruppen, Stilrichtungen und Geschmäcker genügend Möglichkeiten für eine abwechslungsreiche Abendgestaltung. Neben einer großen Anzahl klassischer Restaurants gibt es zahlreiche Kneipen, Bars, Cafés, Lounges und Mischformen all dessen. So ist es nicht ungewöhnlich, dass ein Lokal in der Mittagszeit als Restaurant und Café fungiert und sich gegen Abend zum Pub oder Klub wandelt.

Die beste Gegend zum Ausgehen ist die Altstadt, weil hier viele **kulinarische und kulturelle Angebote auf engem Raum** zu finden sind. Aber auch in den angrenzenden Vierteln liegen viele interessante Lokale, darunter jene, die vornehmlich von Esten besucht werden. Entscheidenden Einfluss auf das Nachtleben haben Wetter und Jahreszeit: Während an lauen Sommerabenden, auch wegen der Helligkeit, die Straßen auch spät noch belebt sind, wird es in der dunklen Jahreszeit insgesamt ruhiger. Dafür kann man die heimelige Atmosphäre in Cafés und Kneipen umso mehr genießen, wenn es draußen stürmt und schneit.

Nachtleben

Das Tallinner Nachtleben ist bunt. Von der hypermodernen, schicken Lounge bis zur urigen Kellerkneipe dürfte für jeden etwas dabei sein. Die größte Dichte an Lokalen findet man in der Altstadt, aber in einigen Fällen lohnt sich auch ein Blick hinter die Mauer.

Kneipen und Bars

🅷**90** [C3] **Beer House**, Dunkri 5, Tel. 6442222, www.beerhouse.ee, So.-Do. 11-24, Fr./Sa. 11-2 Uhr. Eine Art estnisches Hofbräuhaus. Finnische Touristen bei der Polonaise, deftiges Essen und gutes selbstgebrautes Bier. Der eine wird die Nase darüber rümpfen, der andere eine Gaudi haben. Schöne Sitzplätze auch draußen.

🅷**91** [C3] **Clayhills**, Pikk 13, Tel. 6419312, www.clayhills.ee, So.-Di. 11-24 Uhr, Mi./Do. 11-1 Uhr, Fr./Sa. 11-2 Uhr. Hinter der Selbstbezeichnung Gastropub verbirgt sich eine Mischung aus gemütlicher Kneipe und guter Küche. Empfehlenswert unter den touristisch orientierten Lokalen in Rathausplatznähe. Freitags und samstags Livemusik.

🅷**92** [C3] **Hell Hunt**, Pikk 39, Tel. 6818333, www.hellhunt.ee, Mo.-Do. 12-2, Fr./Sa. 12-3, So. 12-1 Uhr. Gemütlicher Pub, gute Auswahl an gezapften Bieren, eigentlich immer gute Stimmung, auch von Einheimischen geschätzt, nach eigener Auskunft der erste Tallinner Pub (seit 1993).

🅷**93** [C4] **Karja Kelder**, Väike-Karja 1, Tel. 6441008, www.karjakelder.ee, So./Mo. 11-24, Di.-Do. 11-1, Fr./Sa. 11-3 Uhr. Uriges Kellergewölbe, nette Kneipe, Livemusik, für jedes Alter. Ein Klassiker der Tallinner Kneipenlandschaft.

🅷**94** [C3] **Kompressor**, Rataskaevu 3, Tel. 6464210, www.kompressorpub.ee, tägl. 11-1 Uhr. Tagsüber geht man hier zum Pfannkuchen essen hin, denn die sind günstig, groß und das Angebot vielfältig. Sonst nette, alternative Kneipe. Keine Kartenzahlung.

🅷**95** [D3] **Levist väljas**, Olevimägi 12, Tel. 5046048, tägl. 15-3 Uhr, Fr./Sa. 15-6 Uhr. Ein subkultureller Klassiker in Tallinn. Der Name heißt so viel wie „außerhalb des Empfangsbereichs" und so geht es auch zu. Kellertreppe und Türsteher sollten nicht abschrecken, dahinter liegt ein Kellergewölbe mit rockig-alternativer Atmosphäre. Von dort kann man über eine Treppe in weitere Räume oben gelangen.

🅷**96** [C4] **Nimeta Baar**, Suur-Karja 4, Tel. 6411515, www.nimetabaar.ee, So.-Do. 10-24, Fr.-Sa. 10-1 Uhr (sollte der Streit mit der Stadtverwaltung beigelegt werden, kann es sein, dass wieder länger geöffnet sein wird). Urgestein der Tallinner Kneipenlandschaft, bunte Mischung aus Einheimischen und Touristen, Fußballübertragungen, abends klasse Partyatmosphäre und Tanzfläche.

🅷**97** [D3] **Popular**, Vana-Viru 6, Tel. 6414565, www.popular.ee, Mo.-Do. 9-1 Uhr, Fr. 9-4, Sa. 10-4 Uhr, So. 10-1 Uhr. Café, Bar und Klub, nicht nur für Freunde von Wasserpfeifen und Cocktails.

🅷**98** [C4] **Pörgu**, Rüütli 4, Tel. 6440232, www.porgu.ee, Mo.-Do. 12-24, Fr.-Sa. 12-2 Uhr. Willkommen in der Hölle (so der Name des Lokals). Es handelt sich allerdings um eine sehr angenehme Hölle in Form einer freundlichen Schänke im Gewölbekeller mit schmiedeeisernen Möbeln und einer großen Auswahl an gezapften Biersorten.

🅷**99** [ci] **Seiklusjutte maalt ja merelt**, Tartu mnt 44, Tel. 6010762, www. seiklusjutte.ee, So.-Mi. 11-24, Do.-Sa. 11-2 Uhr. Restaurant, Biergarten und Kneipe – die Selbstbezeichnung lautet Traveller's Pub & Club und tatsächlich findet der erschöpfte Reisende hier eine wahre Oase. Der Name bedeutet „Abenteuergeschichten vom Land und vom Meer" und dieses Thema zieht sich durch die gesamte Einrichtung – inklusive einer entsprechenden Bibliothek. Etwas abseits, aber einen Abstecher wert!

⊖**100** [C4] **St. Patrick's,** Suur-Karja 8, Tel. 6418173, www.patricks.ee, So.–Do. 11–2, Fr./Sa. 11–4 Uhr. Sehr angenehmer Pub in tollem Altstadtgebäude. Es gibt noch drei weitere Filialen.

⊖**101** [C4] **Valli baar,** Müürivahe 14, Tel. 6418379, Mo.–Sa. 12–2, So. 12–24 Uhr. Mehr Lokalkolorit geht nicht: Die Valli baar ist das unschlagbare Original unter den Tallinner Kneipen. Ein bunter Haufen gruppiert sich um die Theke, mal wird Akkordeon gespielt, mal werden alle Anwesenden in eine Konversation eingebunden. Manche gucken nur kurz auf einen „Millimallikas" herein (ein Schnaps, einfach mal bestellen und probieren...).

Klubs und Discos

Sofern nicht anders angegeben, ist der Zutritt zu Discos ab 18 Jahren erlaubt. Die Eintrittspreise sind sehr unterschiedlich, aber auf 5 bis 15 Euro muss man sich einstellen.

⊕**102** [E4] **Café Amigo,** Viru väljak 4, im Sokos Hotel Viru, Tel. 6809380, www.amigo.ee, So.–Do. 22–4, Fr./Sa. 22–5 Uhr. Ein beliebter Hotelklub und gleichzeitig Konzertbühne. Bands mit eher rockigem Einschlag sind hier an vielen Abenden zu erleben. Vorher und nachher DJs, die auch ältere Hits spielen, dementsprechend ist das Publikum sehr gemischt. Ab 21 Jahren.

⊕**103** [C4] **Hollywood,** Vana-Posti 8, Tel. 6155100, www.clubhollywood.ee, Mi.–Sa. ab 23 Uhr. Gut besucht und Partystimmung, jüngeres Publikum. Das übliche Disco-Musikprogramm variiert je nach Themenabend.

Smoker's Guide

Rauchen ist in Estland in **allen öffentlichen Gebäuden** und damit auch in gastronomischen Betrieben **verboten.** Spezielle **Raucherräume** wie im Hell Hunt (s. S. 32) sind die Ausnahme.

⊕**104** [F4] **Parlament,** Ahtri 10, Tel. 5083878, www.clubparlament.com, Fr./Sa. 23–5 Uhr. Das Parlament ist eine typische Mainstream-Großraum-Disco, nicht mehr und nicht weniger.

⊕**105** [C4] **Privé,** Harju 6, Tel. 56256000, www.clubprive.ee, Fr./Sa. 24–5 Uhr. Einer der hipperen Klubs mit teilweise erstklassigen, auch internationalen DJs. Zugang ab 20 Jahren.

⊕**106** [D3] **Sinilind,** Müürivahe 50, Tel. 56696925, So.–Do. 11.30–1, Fr.–Sa. 11.30–5 Uhr. Café-Restaurant und Klub. Ziemlich angesagt, entspannte Atmosphäre.

⊕**107** [D3] **Venus,** Vana-Viru 14, Tel. 5519999, www.venusclub.ee, Di.–So. ab 22 Uhr. Eine weitere empfehlenswerte Diskothek, die auch zentral gelegen ist. Diverse Themenabende, gemischtes Publikum. Ab 21 Jahren.

Livemusik

⊕**108** [D3] **Chicago 1933,** Aia 3, Tel. 6271266, www.chicago.ee, Mo./Di. 12–24, Mi./Do. 12–1, Fr. 12–3, Sa. 14–3, So. 14–24 Uhr. Gesetzter Klub mit dunklem, edlem Interieur. An vielen Abenden gibt es gute Livemusik, vornehmlich aus dem Jazz- und Swingbereich, darunter bekannte estnische Künstler. Auch Speise- und Weinkarte.

⊕**109** [di] **Rockcafe,** Tartu mnt 80D, Bus 2 ab A. Laikmaa bis Sossimägi, Bus 54 ab Estonia bis Sossimägi, Tel. 6000712, www.rockcafe.ee. Die bekanntesten

028tn Abb.: ta

Bands aller Stilrichtungen der Rock- und Popmusik aus dem In- und Ausland spielen in Estland im Zweifelsfall im Rockcafe.

110 [E3] **Scotland Yard,** Mere pst. 6E, Tel. 6535190, www.scotlandyard. ee, Mo.–Do. 11–24, Fr./Sa. 9–2, So. 9–24 Uhr. Sehr großer Pub mit britischem Flair. Mi.–Sa. Livemusik. Wenn man spät kommt und nicht viel los ist, kann man sich in der Halle etwas verloren fühlen, sonst gute Pubatmosphäre.

111 [C3] **Von Krahl Baar,** Rataskaevu 10/12, Tel. 6269096, www.vonkrahl.ee, So.–Do. 12–1, Fr./Sa. 12–3 Uhr. Eine der wichtigsten Adressen der Tallinner Alternativkultur- und Kunstszene. Tagsüber ist nicht viel los, aber man kann günstig essen. Abends gegen Eintritt häufig Livemusik und DJs.

⌂ *Die Musiker von den Revali Trubaduurid sorgen für eine stimmungsvolle Atmosphäre auf dem Domberg*

Theater und Konzerte

Tallinn bietet eine hochrangige Auswahl an Kulturveranstaltungen, an erster Stelle Klassikkonzerte und Theateraufführungen. Die **wichtigsten Theater** sind das Estnische Dramentheater **51**, das Stadttheater **29**, das Theater NO99 und das alternative Von Krahl (s. S. 34). Allerdings sind die Stücke des Sprechtheaters hauptsächlich auf Estnisch oder auf Russisch. Mit Kindern kann man ins Puppentheater (s. S. 73) gehen, zumindest bei den Stücken für die Kleinen kommt man ohne viel Sprache aus. Das renommierte Tallinner Stadttheater veranstaltet alle zwei Jahre Ende Dezember ein internationales Theaterfestival mit Namen **Winternachtstraum.** Je nach Gastensemble werden die Stücke auf Englisch, Deutsch oder Russisch aufgeführt und immer ins Estnische und Englische übersetzt.

Konzerte finden in Konzerthäusern, Kirchen und Sälen statt, z.B. in der

Nikolaikirche **44**, im Schloss Kadriorg **60**, im Konzertsaal Estonia oder im Rathaus **12**. Informationen findet man im Internet unter www.concert.ee, www.tourism.tallinn.ee und auf den Internetseiten der Veranstalter und Veranstaltungsorte sowie bei der Touristen-Information. Sehr zu empfehlen sind die Konzerte des Eesti Filharmoonia Kammerkoor, des Mädchenchors Ellerhein, des Tallinner Knabenchors (Tallinna poistekoor), des Ensembles für alte Musik Hortus Musicus und des Ensembles Vox Clamantis, das gregorianische Choräle singt. Außerdem kann man mit etwas Glück die Aufführung eines Stückes des bekannten Komponisten Arvo Pärt hören.

› Festival Winternachtstraum (Festival Talveöö unenägu), im Tallinner Stadttheater **29**, http://festival.linnateater.ee

112 [D4] **Konzertsaal Estonia (Estonia kontserdisaal 50)**, Estonia pst 4, Tel. 6147760, www.concert.ee, Mo.–Fr. 12–19 Uhr, Sa. 12–17 Uhr, So. eine Stunde vor Konzertbeginn. Konzerte hauptsächlich klassischer Musik. Weitere Konzerte im Rathaus **12**, in der Nikolaikirche **44** und im Turm des

Kurzen Dombergs (Väravatorn) **41**. Die Kasse verkauft Tickets auch für andere Veranstaltungen.

113 [D4] **Nationaloper Estonia (Rahvusooper Estonia 50)**, Estonia pst 4, Tel. 6831215, www.opera.ee. Oper, Operetten, Musicals und Ballett. Opern auch z. B. auf Italienisch und Deutsch, mit estnischen und englischen Übertiteln. Die Karten kann man im Theater kaufen. Die Kasse hat tägl. von 11 bis 19 Uhr geöffnet. An der Kasse gibt es auch Karten für andere Veranstaltungen.

44 [C4] **Nikolaikirche**, Tel. 6449903. Gute Konzerte klassischer Musik in schöner Atmosphäre. Karten im Vorverkauf. Jeden Sa. und So. um 16 Uhr eine halbe Stunde Orgelmusik, Eintritt mit der Museumskarte

Tallinn für Kunst- und Museumsfreunde

Ob zeitgenössische Kunst, alte Wehranlagen oder diverse Museen für spezielle Interessen – Tallinn bietet reichlich Gelegenheiten, einen regnerischen Tag zu verbringen. In Museen sind Beschriftungen in der Regel auch auf Englisch vorhanden.

Museen

114 [C4] **Adamson-Eric-Museum (Adamson-Ericu muuseum)**, Lühike jalg 3, Tel. 6445838, www.adamson-eric.ee, Mi.–So. 11–18 Uhr, 2,50 €. Werke des estnischen Malers Adamson-Eric, der auch in verschiedenen Bereichen der angewandten Kunst wirkte.

43 [C4] **Bastionstunnel (Bastionikäigud)**. Im Rahmen einer Führung können die Gänge unter der Schwedischen und der Ingermanlandbastion besucht werden. Vorherige Anmeldung erforderlich.

Tallinn für Kunst- und Museumsfreunde

㉖ [C2] **Epping-Turm (Eppingi torn).** Auf sechs Stockwerken werden die Geschichte des Turms, mittelalterliches Handwerk, Waffen und Befestigungen vorgestellt.

58 [E3] **Estnisches Architekturmuseum (Eesti Arhitektuurimuuseum).** Im alten Salzspeicher kann man die Entwicklung der estnischen Architektur verfolgen. Wechselnde Ausstellungen.

74 [ai] **Estnisches Freilichtmuseum (Eesti Vabaõhumuuseum).** Ein idyllischer Platz im Wald am Meer, an dem man nachempfinden kann, wie die Esten vom 18. bis zum 20. Jh. gelebt haben. Aus verschiedenen Teilen Estlands sind Bauernhöfe, Wohnhäuser, Mühlen, eine Kirche, eine Kneipe und anderes zusammengetragen.

18 [C3] **Estnisches Geschichtsmuseum (Eesti Ajaloomuuseum).** Estnische Geschichte von der Frühzeit bis zum Ende des 18. Jh.

67 [dg] **Estnisches Geschichtsmuseum im Schloss Marienberg (Eesti Ajaloomuuseum Maarjamäe lossis).** Im Marienberg Schloss zeigt das Estnische Geschichtsmuseum eine Ausstellung zur estnischen Geschichte im 20. Jh.

23 [D2] **Estnisches Maritimes Museum (Eesti Meremuuseum).** Das Museum bietet einen interessanten Einblick in verschiedene Bereiche des Lebens mit und auf dem Meer, darunter Themen wie Schiffbau, Fischerei und Navigation. Zum Museum gehört auch die sehenswerte Außenstelle Lennusadam (s. S. 37).

115 [C3] **Estnisches Museum für angewandte Kunst und Design (Eesti Tarbekunsti- ja Disainimuuseum),** Lai 17, Tel. 6274600, www.etdm.ee, Mi.–So. 11–18 Uhr, Eintritt: 4 €. Das Museum zeigt Designobjekte und Kunsthandwerk aus den verschiedensten Materialien vom Beginn des 20. Jh. bis heute.

116 [C3] **Estnisches Museum für Gesundheitswesen (Eesti Tervishoiu Muuseum),** Lai 28/30, Tel. 6411732, www.tervishoiumuuseum.ee. Eine Dauerausstellung macht die Besucher mit Themen wie Anatomie, Gesund-

heit und Medizingeschichte vertraut. Das Museum wird im Juni 2014 wiedereröffnet.

🏛117 [C3] **Estnisches Naturmuseum (Eesti Loodusmuuseum)**, Lai 29A, Tel. 6411739, www.loodusmuuseum. ee, Mi.–So. 10–17, Do bis 19 Uhr, Eintritt: 3 €. Das Museum bietet einen Überblick über estnische Geologie, Gewässer, Sümpfe, Flora und Fauna. Es sind präparierte Tiere von allen Kontinenten ausgestellt.

🏛118 [C4] **Estnisches Theater- und Musikmuseum (Eesti Teatri- ja Muusikamuuseum)**, Müürivahe 12, Tel. 6446407, www.tmm.ee, Di.–Sa. 10–18 Uhr, Eintritt: 4 €. Das Museum präsentiert über 120 Instrumente, darunter besondere estnische Volksinstrumente.

🏛119 [C3] **Fotomuseum (Fotomuuseum)**, Raekoja 4/6, Tel. 6448767, www.linnamuuseum.ee/fotomuuseum, März–Okt. Do.–Di. 10.30–18 Uhr, Nov.–Feb. Do.–Di. 10–17.30 Uhr, Eintritt: 2 €. Das Museum im alten Ratsgefängnis gibt einen Überblick der Geschichte der estnischen Fotografie von 1840–1940. Auch Wechselausstellungen.

🏛120 [E4] **KGB-Museum**, Viru väljak 4, Tel. 6809300, www.sokoshotels.fi, Mo.–Fr. 8–18 Uhr, Nov.–Apr. Mo. geschl. Eintritt 7 €, für Hotelgäste günstiger. Kleines Museum im Sokos Hotel Viru (s. S. 124), das im Rahmen einer Führung (regelmäßig auch auf Englisch, Deutsch auf Anfrage) und nur nach Voranmeldung besichtigt werden kann. Gezeigt wird ein früher vom KGB genutzter Geheimraum im obersten Stock, interessant sind aber eher die Geschichten, die während der Führung erzählt werden.

◁ *Die Museen in der Altstadt (hier das Geschichtsmuseum* ⑱*) lohnen schon wegen der historischen Gebäude einen Besuch*

❽ [D3] **Klausur des Dominikanerklosters (Dominiiklaste kloostri klausuur)**. Im Kloster, gegründet im 13. Jh., können heute die Klausur und einige andere Räume besichtigt werden. Als Hauptsehenswürdigkeit gelten mittelalterliche Bildhauerarbeiten.

㊳ [dh] **KUMU, Estnisches Kunstmuseum (Eesti Kunstimuuseum)**. Im KUMU werden die besten Werke der estnischen Kunst vom 18. Jh. bis heute gezeigt.

🏛121 [cg] **Lennusadam (Wasserflugzeughafen)**, Vesilennuki 6, Tel. 6200550, www.lennusadam.eu, tägl. 10–19, Okt.–April Mo. geschlossen, Eintritt: 10 €. Ein echtes Highlight in der Tallinner Museumslandschaft: In ehemaligen Wasserflugzeughangars wird eine aufwendige Schau rund um Seefahrt, Meer und Fliegerei präsentiert. Zum Gelände gehört ein Kai mit Museumsschiffen, an dem auch der dampfbetriebene Eisbrecher „Suur Töll" zu sehen ist. Parkplatz, Spielplatz und Café sind vorhanden. Bus 3, Tram 1 oder Tram 2 ab Hobujaama bis Linnahall, dann noch rund 1 km zu Fuß die Suur Patarei und Kalaranna entlang. Alternativ gelangt man mit dem City-Tour-Bus (s. S. 122) zum Museum.

🏛122 [dh] **Miia-Milla-Manda-Museum (Muuseum Miia-Milla-Manda)**, Koidula 21C, Kadriorg, Bahn 1 und 3 Hobujaama bis Kadriorg, Tel. 6017057, www.linnamuuseum.ee/miiamillamanda, Di.–So. 12–18 Uhr, Eintritt: 2,60 €, Kinder 1,60 €, Familienkarte 5,20 €, Kinder bis zwei Jahre frei. Kinder dürfen das

Museen, die mit einer magentafarbenen Nummer (㊸) als Hauptsehenswürdigkeit ausgewiesen sind, werden im Kapitel „Tallinn entdecken" ausführlich beschrieben. Dort finden sich auch alle praktischen Informationen wie Adresse, Öffnungszeiten usw.

097tn Abb.: ta

Museum nur in Begleitung Erwachsener betreten. Hausschuhe mitnehmen. Ein Museum für Kinder im Alter von drei bis elf Jahren, aufgebaut rund um Themen wie z. B. Freundschaft. Die ganze Ausstellung ist spielerisch aufgebaut, die meisten Sachen dürfen angefasst und erforscht werden. Das Museum befindet sich in einem gelben Holzhaus aus dem Jahr 1937. Neben dem Haus können die Kinder auf einem großen Spielplatz spielen.

123 [dh] **Mikkel-Museum (Mikkeli muuseum),** Weizenbergi 28, Kadriorg, Bahn 1 und 3 Hobujaama bis Kadriorg, Tel. 6015844, www.mikkelimuuseum. ee, Do.–So. 10–17 Uhr, Mi. 10–20 Uhr, Eintritt: 2,50 €. Privatsammlung von Johannes Mikkel. Porzellan aus China und Europa, Gemälde und Grafiken aus Westeuropa.

63 [dh] **Museum im Haus Peters I. (Peeter I Majamuuseum).** Der alte „Palast" Peters des Großen. Es kann besichtigt werden, wo und wie der Zar und seine Frau während ihrer Aufenthalte in Tallinn gelebt haben.

44 [C4] **Nikolaikirche (Niguliste kirik).** Die aus dem 13. Jh. stammende Kirche birgt viele kunsthistorische Schätze wie spätmittelalterliche Altäre, Holzschnitzerei,

Epitaphe, Grabplatten, Leuchter. Der berühmte Altar von Hermen Rode und der Totentanz von Bernt Notke befinden sich hier.

124 [C3] **NUKU muuseum (Museum des Puppentheaters),** Lai 1, Tel. 6679555, www.nuku.ee, Juni–Aug. tägl. 10–19 Uhr, Sept.–Mai Di.–So. 10–19 Uhr, Eintritt 5 €, Familienkarte 14 €. Das Museum ist der Puppenspielkunst gewidmet. Neben vielen schönen Puppen gibt es auch etwas über verschiedene Puppentheatertraditionen auf der ganzen Welt zu lernen. Sehr schön gemacht.

26 [C2] **Nunna-, Sauna- und Kuldjala-Turm (Nunna-, Sauna- ja Kuldjala torn).** Eine gute Möglichkeit die Tallinner Stadtmauer und ihre Türme aus der Perspektive der Stadtverteidiger zu erleben.

48 [B4] **Okkupationsmuseum (Okupatsioonide muuseum).** Das Museum zeigt verschiedene Aspekte des Lebens in Estland während der Besatzungszeit.

12 [C3] **Rathaus (Tallinna Raekoda).** In verschiedenen Räumen wird dargestellt, wie die mittelalterlichen Tallinner gelebt haben und wie Tallinn verwaltet wurde. Zudem erfährt man etwas zur Geschichte des Gebäudes.

69 [ef] **Ruinen des St.-Brigitten-Klosters (Pirita kloostri varemed).** Besichtigt werden können die Ruinen des im 15. Jh. gebauten Klosters.

60 [dh] **Kadriorg-Kunstmuseum (Kadrioru Kunstimuuseum).** Im Schloss Kadriorg befindet sich die Sammlung ausländischer Malerei, Grafik, Skulptur und angewandter Kunst des Estnischen Kunstmuseums.

7 [D3] **Tallinner Stadtmuseum (Tallinna Linnamuuseum).** Die Geschichte Tallinns vom 13. Jh. bis zur Wende. Themen sind z. B.: das mittelalterliche Tallinn, die Estnische Republik 1918–1940, die sowjetische Okkupation, Esten im Exil und die Singende Revolution.

Ⓜ**125** [dh] **Tammsaare-Museum,**
L. Koidula 12A, Tel. 6013232,
www.linnamuuseum.ee/tammsaare,
Mi.–So. 11–17, Eintritt 2 €. Das
Museum umfasst eine kleine Ausstellung zum Leben und Werk Anton Hansen
Tammsaares (s. S. 89) in seiner weitgehend im Originalzustand gehaltenen
Wohnung. Ein interessanter Einblick in
das Leben eines Intellektuellen in der
Ersten Republik.

43 [C4] **Wehrturm Kiek in de Kök (Suurtükitorn Kiek in de Kök).** Ausstellung in
einem der schönsten Türme der alten
Befestigung zu mittelalterlicher Wehrtechnik, Strafjustiz und weiteren Bereichen des Lebens im Mittelalter.

Kunstgalerien

☎**126** [C3] **A-galerii,** Hobusepea 2,
Tel. 6464101, www.agalerii.ee,
Mo.–Fr. 10–18, Sa. 11–16 Uhr. Galerie
für angewandte Kunst, insbesondere für
individuellen Schmuck aus Metall

☎**127** [C3] **Draakoni galerii,** Pikk 18,
Tel. 6464110, www.eaa.ee/draakon/
eindex.htm, Mo.–Fr. 11–18, Sa. 11–17
Uhr. Estnische und ausländische Künstler, Schwerpunkt auf zeitgenössischer
estnischer Malerei, Grafik und Fotokunst

☎**128** [D3] **HAUS Galerie,** Uus 17,
Tel. 6419471, www.haus.ee, Mo.–Fr.
10–18, Sa. 11–16 Uhr. Ausstellungen,
Verkauf, Auktionen. Schwerpunkt auf
estnischer Malerei von 19. Jh. bis heute.
Man muss klingeln.

☎**129** [C3] **Hobusepea galerii,** Hobusepea 2, Tel. 6276777, www.eaa.ee/
hobusepea/eindex.htm, Mi.–Mo. 11–18
Uhr. Ausstellung und Verkauf zeitgenössischer Kunst

◁ *Extravagante Jugendstilmotive
in der Pikk-Straße*

☎**130** [D3] **Navitrolla galerii,** Sulevimägi 1,
Tel. 6313716, www.navitrolla.ee, geöffnet: Mo.–Fr. 10–18, Sa. 10–17, So.
11–16 Uhr. Galerie des beliebten estnischen Künstlers Navitrolla: Ölmalerei,
Grafik, Postkarten, Gebrauchsartikel

☎**131** [C4] **Tallinna Kunstihoone,**
Vabaduse väljak 6/8, Tel. 6442818,
www.kunstihoone.ee, Mi.–So. 12–18
Uhr, Eintritt: 3,50 €, Galerie frei. Zentrum
für moderne Kunst von in- und ausländischen Künstlern. Mehrere Galerien, Ausstellungsräume, Kunsthandlung und ein
Geschäft für Künstlerbedarf.

Tallinn zum Träumen und Entspannen

*Für eine Hauptstadt ist Tallinn immer
noch eine vergleichsweise ruhige Metropole. Selbst in der Altstadt findet
man einige stillere Ecken, auch wenn
sich gerade in der Hauptsaison erhebliche Besuchermengen durch die
Stadt bewegen.*

Zur meistens friedlichen Atmosphäre in der Altstadt trägt sicher auch
bei, dass der Autoverkehr in vielen
Straßen auf Lieferverkehr und andere Autos mit Sondergenehmigung beschränkt ist.

Wer die Altstadt ein wenig für sich
haben will, **steht am besten früh auf**
oder unternimmt einen Rundgang am
Abend. Dann kommt die Atmosphäre
der alten Häuser besonders zur Geltung. Außerdem gibt es einige zentrale Plätze, an denen man zwar fast
mitten im Geschehen ist, aber trotzdem in Ruhe beobachten kann. Empfehlenswert sind z. B.:

› **Der Garten des dänischen Königs 35** ist
zwar nur ein kurzes Stück von einer der
berühmten Sehenswürdigkeiten, der Alexander-Newski-Kathedrale **32** entfernt,

Tallinn zum Träumen und Entspannen

Cafés für Morgenmuffel und Zeitungsleser

Wer sich morgens extra viel Zeit nehmen will, in Ruhe die Zeitung lesen oder den Reiseführer studieren möchte, findet in diesen Cafés die passende Umgebung:

› **Boulevard.** Das Hotelcafé ist angenehm dezent und still (s. S. 29).

› **Must puudel.** Gemütliche Sofas und die leicht schräge Einrichtung machen den Pudel zum guten Rückzugsort für einen langsamen Start in den Tag (s. S. 30).

› **Bestseller,** Café im Buchladen Rahva Raamat. Neben aufwändig geformten Kaffeetassen findet man hier angenehme Stille (s. S. 29).

› **Nop.** Die meisten Gäste hier frönen dem Müßiggang oder arbeiten am Laptop – so wird man nicht auffallen (s. S. 30).

bietet aber dennoch etwas Ruhe vom Gedränge, das mitunter im Aufgang zum Domberg herrscht.

› **Meistrite Hoov** [D3]. Kleine Kunsthandwerksgeschäfte, Café-Plätze zum Draußensitzen und eine fantastische Kulisse (s. S. 18).

› Vom Saiakang **14** zweigt der **Hingede õu** ab, der „Hof der Seelen". Im Sommer gibt es hier auch Außengastronomie. Der Hof geht weiter bis zum Heiliggeistspital **16**.

Wer eine richtige Pause im Grünen machen will, muss zumindest die Unterstadt verlassen. **Auf dem Dom-**

berg gibt es einige kleine Parkecken, die sich dafür eignen, vor allem:

› **Harjumägi 42**, mit schönem Ausblick auf den Vabaduse väljak **47**, sehr zentral gelegen

› **Kuberneri aed 34**, direkt neben dem Parlament, aber etwas abseits gelegen

› **Piiskopi aed** [B3], eine kleine, gepflegte Grünfläche bei der Domkirche **36** mit schönem Ausblick

› **Taani Kuninga aed 35**, der zwar als Touristenattraktion meist belebt ist, dafür aber sehr schön.

Verlässt man die Unterstadt Richtung Norden oder zum Hafen hin, bieten sich zudem noch an:

› **Kanuti aed**, ein etwas größerer Park, zwischen Altstadt und Rotermann-Viertel **57** günstig gelegen

› **Tornide väljak 27**, direkt vor der Stadtmauer, mit schönem Blick auf den besterhaltenen Abschnitt der Befestigung. Vielleicht eine der schönsten zentralen Grünflächen Tallinns.

› Der Stadtteil **Kadriorg** strahlt mit seinen teils herausgeputzten, teilweise etwas verwitterten Holzhäusern eine eigenartige Atmosphäre aus und ist für einen entspannenden Spaziergang zu empfehlen. Außerdem ist er einer der grünsten Teile Tallinns. Als typisch können die Straßen L. Koidula [dh] und J. Poska [dh] gelten. Der städtische Teil Kadriorgs endet etwa bei der J.-Poska-Straße und geht dann in den vielfältigen, weitläufigen und in jeder Hinsicht sehenswerten Kadriorg-Park **59** über.

Am Puls der Stadt

002tn Abb.: ta

032tn Abb.: ta

Das Antlitz der Metropole

Der typische Blick auf Tallinn, so wie man ihn etwa auf historischen Stichen findet, ist der vom Meer. In der Hansezeit beruhten Tallinns Größe und Reichtum auf seiner Funktion als Station am Übergang zwischen dem Westen, vor allem Lübeck, und dem weiten russischen Hinterland mit Nowgorod als Zentrum. Aufgrund des langen und beschwerlichen Landweges ist die Ankunft per Schiff bis in jüngste Zeit der Normalfall für Tallinnreisende gewesen. So wundert es nicht, dass der Anblick der Türme, der mächtigen Befestigungen und der hoch aufragenden Kirchen vom Meer aus der prägendste Eindruck für Reisende war und in vielen historischen Beschreibungen zu finden ist.

Wer heute per Schiff anreist, kann das noch gut nachvollziehen, auch wenn die alten Türme sich die Aufmerksamkeit mittlerweile mit den großen Banken- und Hotelgebäuden der neuen Innenstadt teilen

müssen. Vom Flughafen ist der Weg weniger romantisch. Er führt vorbei an großen neuen Einkaufszentren und über nicht selten verstopfte Ausfallstraßen.

Tallinns Lage ist begründet durch die kleine natürliche Erhebung des Dombergs, die sich unvermittelt aus der sonst flachen, sumpfigen Landschaft erhebt – ein idealer Bauplatz für eine Burg. Die Erhebung ist Teil des Baltischen Glint, einer Geländestufe, die sich fast an der gesamten estnischen Nordküste entlang zieht. An der Sängerfestwiese **65** und am Maarjamäe loss **67** ist der steile Abfall gut zu sehen. Günstig für die Anlage der Stadt waren auch die zwei großen Buchten, Kopli- und Tallinner Bucht.

Keimzelle der Stadt war zunächst die Burg auf dem Domberg, die spätere Oberstadt. Danach entwickelte sich die rasch wachsende Kaufmannsstadt östlich des Dombergs, die Unterstadt (heute Altstadt). In

◁ *Vorseite: Trendsport auf dem Sängerfestgelände*

⌂ *Der „Potsdamer Platz" von Tallinn an der Rävala pst [D5,E4]*

096tn Abb.: ta

jüngerer Zeit dehnte sich die Stadt dann über die Grenzen der Stadtmauer hinweg aus. Zunächst entstanden die Innenstadt als Neustadt vor den Toren der Altstadt und die mondänen Holzhäuser von Kadriorg (s. S. 96), mit der Industrialisierung dann die Fischervorstadt Kalamaja **73** und das Rotermann-Viertel **57**.

In der **Sowjetzeit** wurde das bis dahin organische Wachstum der Stadt durch gigantische moderne Wohnsiedlungen durchbrochen. In Mustamäe und später, in noch größerem Stil, in Lasnamäe **72** wurden in kürzester Zeit einheitliche Wohnblöcke hochgezogen, die heute eine städtebauliche Hypothek darstellen. Es dürfte schwer werden, diese Monstren jemals zu einer echten Einheit mit dem Rest der Stadt zu verschmelzen. Zu Ghettos sind diese **Plattenbausiedlungen** allerdings nicht geworden. Sie sind stärker russisch geprägt als der Rest der Stadt und ihre Bewohner sind meist nicht wohlhabend, doch zwischen den teilweise abschreckend grauen Häusern spazie-

ren häufig junge Familien und Durchschnittsbürger. Problematisch ist die Lage am ehesten auf der Kopli-Halbinsel (mit früherem deutschen Namen Ziegelskoppel), deren industrielle Basis nach dem Ende der Sowjetunion geschrumpft ist, was zu einem gewissen Grad an sozialer Verwahrlosung geführt hat. Gleichzeitig ist hier die stärkste Dynamik zur Stadterneuerung zu beobachten, insbesondere in den zentrumsnah gelegenen Vierteln Kalamaja **73** und Pelgulinn (s. S. 48, Nord-Tallinn im Wandel)

Insgesamt ist in Tallinn in dieser Hinsicht noch vieles in Bewegung. Selbst in den feineren Vierteln gibt es teils noch recht heruntergekommene Ecken, andererseits ist überall eine **rege Bau- und Renovierungstätigkeit** zu beobachten. So ist es kaum noch

▣ *Volkstänze und Trachten spielen in Estland eine große Rolle*

KURZ & KNAPP

Die Stadt in Zahlen
> Gegründet: 1219
> Einwohner: 430.000
> Einwohner/km²: 2.616
> Fläche: 159,2 km²
> Höhe ü. M.: 44 m
> Distrikte: 8
> Stadtteile: 84

vorstellbar, dass dort, wo heute die glitzernden Türme der Innenstadt **55** in die Höhe ragen, noch während der 1990er-Jahre lediglich einige baufällige Holzhäuser standen und die verwahrlosten Ruinen des Rotermann-Viertels **57** Ende der 1970er-Jahre als morbide Filmkulisse dienten.

Verkehrstechnisch steht Tallinn vor dem Problem, den **sprunghaft gestiegenen Autoverkehr** bewältigen zu müssen, was eher schlecht als recht gelingt. Zwar sind die Schlaglöcher im Stadtgebiet beseitigt, doch mangelhafte Verkehrsführung und geringe Durchlasskapazität führen an verschiedenen Stellen regelmäßig zu zähen Staus. Auch Fahrradfahrer sind bislang in der Minderheit, denn das Radfahren ist im dichten Verkehr und durch den Mangel an ausgewiesenen Radwegen gefährlich. Allerdings ist in diesem Bereich eine rasante Weiterentwicklung zu beobachten. Immerhin ist der **Bus- und Straßenbahnverkehr** gut ausgebaut. Eine Besonderheit sind die Oberleitungsbusse, die auf einigen Strecken verkehren. Ebenso sind in Tallinn als Erbe der Sowjetzeit die Marschrutentaxis zu finden, die allerdings für Touristen kaum eine Rolle spielen dürften. Normale Taxis sind vergleichsweise günstig.

Von den Anfängen bis zur Gegenwart

Tallinn blickt auf eine äußerst wechselvolle Geschichte zurück. Nur wenige Städte dürften derart viele verschiedene Herren gesehen und vergleichsweise unbeschadet überstanden haben. Auf dem Gebiet des heutigen Estlands war Tallinn schon immer das unangefochtene Machtzentrum. Die Geschichte Estlands ist von der Tallinns kaum zu trennen.

Um 3500 v. Chr. Vermutlich befindet sich eine steinzeitliche Siedlung an der Stelle des heutigen Vabaduse väljak **47**.

Mitte des 11. Jh. Auf dem heutigen Domberg errichten Esten eine hölzerne Verteidigungsanlage und treiben Handel.

Um 1167 Dänemark ernennt einen Bischof der Esten, der die dortige heidnische Bevölkerung bekehren soll.

1219 Der dänische König Waldemar II. erobert die estnische Burg Lyndanise auf dem Domberg. Dieses Ereignis wird üblicherweise als Datum der Stadtgründung angenommen.

1227 Der deutsche Schwertbrüderorden dringt bis Tallinn vor und erobert die Stadt.

1230 Westfälische und niedersächsische Kaufleute aus Gotland lassen sich auf Veranlassung des Schwertbrüderordens unterhalb der Burg nieder und legen damit den Grundstein für die eigentliche Stadtentwicklung.

1236–38 Der Schwertbrüderorden wird von Litauen vernichtend geschlagen

034tn Abb.: ta

◁ *Diese elegante Haltung erfordert lange Übung – Bogenschießen beim Garten des dänischen Königs* **35**

und geht im Deutschen Orden auf; der Papst erzwingt die Herausgabe Tallinns an Dänemark. Die dänische Herrschaft bis 1346 fällt in eine Zeit des schnellen Wachstums der Stadt.

1248 Tallinn, nicht aber die Oberstadt auf dem Domberg, erhält Lübecker Stadtrecht (das bis 1865 gilt) und einen Stadtrat.

1252 Beleg über eine Mitgliedschaft Tallinns in der Hanse

1294 Dänemark erlaubt deutschen Kaufleuten die Reise nach Nowgorod über Tallinn und Narva und legt somit den Grundstein für den weiteren Aufstieg der Stadt.

1346 In der Folge eines Aufstands der Esten verkauft Dänemark seine Rechte an Estland an den Deutschen Orden, der damit Tallinns neuer Landesherr wird. Tallinn erhält das Stapelrecht, das alle nach Russland durchreisenden Kaufleute verpflichtet, ihre Waren vor Ort anzubieten, was zu einem weiteren Aufschwung des Handels führt. Tallinn wächst zur wichtigsten Stadt des Ostseeraums und hat zu dieser Zeit etwa 5000 Einwohner.

1525 Tallinn wird offiziell protestantisch.

Um 1550 In Tallinn wohnen etwa 7000 bis 8000 Menschen.

1561 Im Livländischen Krieg gelangt Tallinn unter schwedische Herrschaft und dies bleibt so bis 1710. Bis heute gilt die schwedische Zeit in Estland als ein „goldenes Zeitalter". Die Privilegien der Deutschen werden anerkannt.

1710 Als Folge des Großen Nordischen Kriegs wird Tallinn für mehr als 200 Jahre Teil des russischen Kaiserreichs. Wiederum werden die Privilegien der Deutschen zunächst nicht angetastet.

1878 Die Trennung der Stadt in Ober- und Unterstadt endet.

1881 Beginn der Regierungszeit Alexanders III. und damit der intensivierten Russifizierung. Russisch wird Amtssprache, die Privilegien der Deutschen werden nicht mehr anerkannt.

1918 Die Republik Estland wird ausgerufen. Tallinn heißt jetzt nicht mehr Reval und wird Hauptstadt. Estnisch wird Amtssprache.

1939 Die Deutschbalten werden gemäß den strategischen Plänen der Nationalsozialisten umgesiedelt, die jahrhundertelange Verbindung der Deutschen mit Estland endet.

1940 Die Sowjetunion okkupiert Estland. In den folgenden Terrorwellen werden Zehntausende Esten ermordet.

1941 Deutschland besetzt Estland. Etwa 5000 Esten werden hingerichtet. Die jüdische Bevölkerung wird deportiert und ermordet.

1944 Teile der Tallinner Altstadt werden bei sowjetischen Bombardements zerstört. Die Rote Armee besetzt Estland wieder, in der Folge wird das Land der Sowjetunion einverleibt. Zehntausende Esten fliehen nach Westen.

1988 Tallinn hat etwa 500.000 Einwohner. Wegen der sowjetischen Umsiedlungspolitik beträgt der Anteil der Esten nur noch 47 %.

1988 Die Singende Revolution erreicht ihren Höhepunkt. Im September versammeln sich auf der Sängerfestwiese **65** etwa 300.000 Menschen, Forderungen nach der Wiederherstellung der Unabhängigkeit werden laut.

1989 Zwei Mio. Menschen bilden die etwa 600 km lange „Baltische Kette" von Tallinn nach Vilnius.

1991 Estland erlangt seine Unabhängigkeit zurück.

1997 Die Tallinner Altstadt wird zum UNESCO-Weltkulturerbe erklärt.

2004 Estland wird Mitglied von NATO und EU.

2011 Tallinn wird europäische Kulturhauptstadt und Estland führt den Euro ein.

2014 In Tallinn wohnen etwa 430.000 Menschen, rund 53 % davon sind Esten.

Leben in der Stadt

Zwar leben in jeder modernen Groß-stadt Menschen unterschiedlicher Kulturen, Milieus und Klassen zusammen, doch manche Kontraste treten in Tallinn schärfer hervor. So wie die Stadt äußerlich zwischen bröckelnden Resten der Sowjetzeit und glänzenden Zeugen des rasanten Aufstiegs seit der Wiederherstellung der Unabhängigkeit pendelt, so leben auch die Bewohner in (mindestens) zwei Welten.

Nicht selten kann man in Tallinn Szenen wie diese beobachten: An einer Ecke bietet ein altes Mütterchen karge Blumensträuße oder Selbstgestricktes an, direkt daneben parkt ein wuchtiger Geländewagen, dem ein teuer gekleideter Mittdreißiger entsteigt. Junge Aufsteiger, existenzbedrohte Ältere – das ist nur eine von vielen Bruchlinien in der Gesellschaft, die Estlands jüngere Geschichte hinterlassen hat. In Tallinn treffen diese **Kontraste besonders scharf** auf-

Reval oder Tallinn?
Wenn man über Tallinn in früherer Zeit spricht, müsste man es eigentlich Reval nennen. Schließlich war der deutsche Name bis 1918 der offizielle. In diesem Buch wird immer der heutige estnische Name Tallinn verwendet. Sonst müsste man Namen und Schreibung variieren, je nachdem von welcher Zeit und Bevölkerungsgruppe man spricht. In der Sowjetära wurde sogar noch eine Variante eingeführt: Weil die Russen mit dem Doppel-n nichts anfangen konnten, schrieben sie einfach „Tallin" – was man außerhalb Estlands noch heute häufig lesen kann.

einander. Regierung, internationale Organisationen, Firmen und nicht zuletzt Touristen bringen Geld in die Stadt und vielen Tallinnern geht es sichtbar gut. Der moderne Tallinner und die moderne Tallinnerin sehen sich als weltoffen (gewürzt mit einer guten Prise Nationalstolz), fleißig und dynamisch.

Weltoffenheit ist geradezu eine Notwendigkeit in einem Land von der Größe Estlands. Dementsprechend sind die **Fremdsprachenkenntnisse hervorragend**, vor allem Englisch, Deutsch, Russisch und Finnisch sind verbreitet. Fleiß, Energie und Tatendrang darf man vielleicht als Folgen der **neugewonnenen Freiheit** deuten. Es gibt einen erkennbaren Willen, das kleine, eigene Land zu einer „success story" zu machen. Passend dazu wird viel Wert auf die eigene Erscheinung gelegt, Schönheitssalons und Fitnessstudios haben Hochkonjunktur. Der augenfällige Hang zu repräsentativen Autos kann ebenfalls hier eingeordnet werden. Die Modernität schließlich wird am ehesten durch die in westeuropäischen Medien viel zitierte Internet- und Mobilfunkaffinität der Esten illustriert. Tatsächlich ist die WLAN-Abdeckung in Tallinn geradezu vorbildlich, viele Dinge des Alltags lassen sich per Smartphone oder Chipkarte auf dem Personalausweis bezahlen (s. S. 103).

Aber das alles ist nur eine Seite der Medaille. Das Bild der **estnischen Umbruchsgesellschaft** wäre nicht vollständig ohne die neue Armut, soziale Probleme, Alkoholismus und Hoffnungslosigkeit. Auffällig in Tallinn ist dabei, dass es keine ausgeprägte Ghettobildung gibt, sondern die Übergänge zwischen guten und schlechten Vierteln fließend und kurz sind. Ein Rundgang durch Kalamaja **73** ist in dieser Hinsicht aufschlussreich. Natürlich gibt es zwischen diesen Extremen viele „normale" Tallinner, die auf ihre Weise abgeschwächte Ausprägungen des einen oder anderen Typs sind.

Eine Besonderheit Estlands, vielleicht aber aller postkommunistischen Gesellschaften, ist eine spezielle Form der Reserviertheit. So kann es passieren, dass trotz eines aussichtsreichen Gesprächsbeginns scheinbar kein Interesse des Esten an dem Gesprächspartner besteht. Ebenso kann man erleben, dass ein Verkäufer in einem kleinen Geschäft nicht grüßt. Die Gründe dürften zum einen die gewisse **nordische Unterkühltheit** sein, die man z.B. auch in Finnland erleben kann und die den Esten dazu bringt, jedes wie auch immer geartete Interesse am Gegenüber bereits für Aufdringlichkeit zu halten. Zum anderen mag die Prägung durch die Sowjetunion eine Rolle spielen, in der Offenheit nicht nur keinen praktischen Wert hatte, sondern sogar gefährlich werden konnte. Zwei praktische Folgen davon: Wenn man telefoniert, sollte man nicht erwarten, dass sich der Mensch am anderen Ende der Leitung vorstellt; wenn man jemanden besucht, muss man davon ausgehen, keinen Namen am Hauseingang zu finden (manchmal fehlt sogar eine Klingel). Ganz anders sieht das typische Verhalten bei den Angehörigen der russischen Minderheit aus: Tritt der Este eher vereinzelt und leise auf, so schätzen die Russen laute Stimmung und größere Runden.

035tn Abb: ta

Tallinn als europäische Kulturhauptstadt

„Kultur ruft" - unter diesem Motto übernahm Tallinn während des Jahres 2011 zusammen mit dem finnischen Turku die Rolle als europäische Kulturhauptstadt. Die Kultur rief und viele kamen. Das Jahr bescherte der Stadt einen **neuen Besucherrekord,** *die Veranstaltungen wurden von insgesamt 1,9 Mio. Menschen besucht. Dabei wurden auch Projekte angestoßen, die längerfristige Effekte haben.*

Am wichtigsten ist die „Entdeckung" des Uferstreifens vom Hafen nach Kalamaja für die Stadt, sichtbar verbunden durch den sogenannten **Kulturkilometer (s. rote Linie in der Karte).** *Der Spazierweg erschließt ein Gebiet, das vorher weitgehend vernachlässigt war, jetzt aber mit dem Lennusadam (s. S. 37) eine Attraktion hat. Mittlerweile wurde sogar der alte Fischmarkt an der Kalasadama-Straße wiederbelebt, ein Beleg dafür, dass die Entwicklung auch über das eigentliche Kulturhauptstadtjahr hinausgeht.*

R-Kioske findet man überall im Stadtgebiet

Abgesehen von solchen Mentalitätsunterschieden funktioniert das **Zusammenleben von Esten und Russen** gar nicht so schlecht. Während sich die Darstellung in der westeuropäischen Presse, nicht zuletzt seit den Ausschreitungen anlässlich der Verlegung des bronzenen Soldaten 2007, auf die Probleme mit der russischen Minderheit fokussiert, wird leicht übersehen, wie erstaunlich gut das Zusammenleben von knapp 1 Mio. Esten mit mehr als 300.000 Russen, die auch noch das Überbleibsel der ehemaligen Besatzungsmacht darstellen, eigentlich läuft. Problematisch bleibt allerdings die propagandistische Ausnutzung der Situation durch Russland.

Nord-Tallinn im Wandel

Die Kulisse erinnert an einen düsteren Thriller: heruntergekommene Industrieanlagen, stillgelegte Gleise, leere Fensterhöhlen. Also das typische Bild der **abgewickelten realsozialistischen Industrie?** Wer in Kalamaja und Pelgulinn genau hinschaut, kann erstaunlich viele neue Firmenschilder finden.

Bis vor wenigen Jahren galt Nord-Tallinn, zu dem die genannten Viertel gehören, als etwas heruntergekommen und unsicher, also kaum als bevorzugter Wohnort. Dann siedelten sich die ersten Künstler und Galerien an und Journalisten überschlugen sich damit, ein **neues Szeneviertel** auszurufen.

Tatsächlich findet das **Leben kreativer, junger Esten** heute kaum mehr in der Altstadt statt, sondern hat sich zunehmend verlagert, etwa in die Telliskivi-Straße. Dort wurde in der ehemaligen Kalininfabrik der „Kreativ-

campus" Loomelinnak gegründet. Darunter sind ein Restaurant (F-hoone, s. S. 27), verschiedene Wirtschaftsbetriebe, ein Kinderhort, ein Antiquariat, ein Flohmarkt, Ausstellungen und anderes zu verstehen. Gegenüber (Telliskivi 57) hat die junge Starköchin Anni Arro ihr Bistro-Restaurant Kukeke eröffnet, natürlich im zurzeit in Estland beliebten Retro-Stil. Direkt nebenan werden Möbel restauriert und noch eine Tür weiter findet man im Atelier Sidruniga tee (www.sidrunigatee.ee) individuelle Möbel, Handwerkskunst und vieles mehr für ein schönes Zuhause. Die bunte Zusammenstellung **unkonventioneller Projekte** – darin spiegelt sich etwas vom Geist dieser Stadtteile.

Auch die Stadt hat ihren Beitrag zur Aufwertung des Viertels geleistet: Mit dem **Ausbau des Meeresmuseums** im alten Wasserflugzeughafen (Lennusadam, s. S. 37) hat Kalamaja einen touristischen Anziehungspunkt erhalten. Und die zum Kulturhauptstadtjahr angelegte Flaniermeile „Kultuurikilomeeter" (mit einer roten Linie im Kartenmaterial eingezeichnet) verbindet den Hafen und die alte Stadthalle (Linnahall) mit eben jenem Wasserflugzeughafen und der Meeresfestung Patarei, die der russische Kaiser im 19. Jh. anlegen ließ (im Sommer für Besucher geöffnet, www.patarei.org).

Tallinn
entdecken

100tn Abb.: ta

O36tn Abb.: ta

Die Unterstadt

Hinter den mittelalterlichen Fassaden der Tallinner Altstadt verbirgt sich eine bunte Mischung aus gemütlichen Cafés, historisch bedeutsamen Plätzen, schicken Boutiquen und stillen Gassen.

Die **Altstadt** besteht eigentlich **aus zwei Teilen**: der Unterstadt, wo früher Handwerker und Händler ihre Geschäfte trieben, und dem Domberg, der Oberstadt, wo die vorwiegend deutsche Oberschicht residierte. Noch heute dominiert auf dem Domberg der diskrete Charme der Bourgeoisie, die Unterstadt hingegen sprüht bei Tag und Nacht vor Leben. Beiden gemein ist die erstaunliche Zahl gut erhaltener und restaurierter mittelalterlicher Gebäude, die die wechselvolle Geschichte Tallinns an jeder Ecke greifbar erscheinen lässt.

Durch das Viru-Tor ❸ betritt man die geschäftige Viru-Straße ❷, während man nur wenige Ecken weiter, im Katharinengang ❺ oder auf dem Kurzen Domberg ㊶ durch stille enge Gassen schlendern kann. Vom Turm der Olaikirche ㉕ lässt sich das Straßengewirr gut überblicken. Auf dem Domberg erinnern die Domkirche ㊱ mit ihren Wappen deutscher Adeliger und die Alexander-Newski-Kathedrale ㉜ aus der Zeit des russischen Kaiserreichs an die **Jahrhunderte fremder Herrschaft** in Estland. Wer die erhabene Atmosphäre der alten Gebäude auf sich wirken lassen will, sollte möglichst früh am Morgen zu einem Rundgang aufbrechen, denn insbesondere in den Sommermonaten überwiegt schon am späteren Vormittag der touristische Trubel.

◁ *Vorseite: Erkundungen entlang der wohlerhaltenen Stadtmauer* ㉗

⌂ *Am frühen Morgen ist die Viru-Straße noch leer*

❶ Viru-Platz (Viru väljak) ★ [D3]

Der Viru-Platz, noch außerhalb der Altstadt gelegen, ist in mancher Hinsicht die **Drehscheibe der Stadt.** Er ist ein zentraler Verkehrsknotenpunkt für den Auto-, Straßenbahn- und Busverkehr sowie für Fußgänger auf dem Weg in die Altstadt. Nach Norden verbindet er die Innenstadt mit dem Hafen und dem Viertel Kalamaja ❼❸, nach Osten vorbei an dem gemütlichen Viertel Kadriorg (s. S. 96) führt die Narva-Landstraße zur gleichnamigen Stadt an der russischen Grenze. Die Pärnu-Landstraße entlang des Tammsaare-Parks ❹❾ führt entsprechend nach Pärnu in Südestland – Estland ist eben recht überschaubar!

Dazwischen steht das große **Viru-Einkaufszentrum ❺❻** als Fixpunkt zwischen Altstadt und neuem Zentrum. Das höchste Gebäude ist das 23-stöckige Hotel Viru, das 1972 als erstes modernes Hochhaus in Tallinn errichtet wurde. Zu Sowjetzeiten logierten hier vor allem ausländische Gäste, weshalb das Hotel mit Abhöranlagen versehen war (s. S. 37). Auf der anderen Seite, Richtung Altstadt, beherbergt heute das ehemalige Feuerwehrgebäude die Diskothek Venus (s. S. 33). Das Gebäude an der Nordseite ist heute ein Geschäftszentrum mit Namen Metro Plaza und wurde ursprünglich 1849 von dem Tallinner

Industriellen Christian Rotermann (s. S. 94) in Auftrag gegeben, der auch der Namensgeber des dahinterliegenden Viertels ❺❼ ist.

❷ Viru-Straße (Viru tänav) ★★ [D4]

Die Viru-Straße verbindet den Viru-Platz mit dem Alten Markt ❾ und damit dem Kern der Altstadt. Sie ist eine der wichtigsten Einkaufsstraßen der Stadt und meistens sehr belebt.

Vom Viru-Platz kommend passiert man zunächst die Blumenverkäufer, die sich hier traditionell auf der linken Seite aufreihen. Dahinter liegt leicht erhöht eine kleine Parkfläche, die im Volksmund „Kussberg" genannt wird. Durch das Viru-Tor ❸ gelangt man in den eigentlichen, früher von der Stadtmauer umgrenzten historischen Stadtkern. Im weiteren Verlauf findet man alles von Fast-Food-Restaurants über Boutiquen, Hotels, Post und Souvenirläden bis hin zu mitunter etwas zweifelhaften Nachtklubs. Damit ist schon angedeutet, dass die Viru-Straße zwar sehr belebt ist, aber nicht unbedingt zu den schönsten Einkaufsstraßen zählt. Viele der ansässigen Händler sind etwas zu sehr auf das schnelle Geld durch die Touristen aus. Zwischendurch lohnt sich ein Blick über die Schaufensterebene, denn viele der Geschäfte haben stattliche Häuser bezogen. Beim **Einkaufszentrum De La Gardie** (Nr. 13/15) (s. S. 19) wurde im Jahr 2000 ein Neubau gekonnt in das Umfeld eingefügt. Proportionen und Materialien orientieren sich an historischen Vorbildern. Der Vorgängerbau, dessen mittelalterliche Grundmauern im Inneren des Kaufhauses noch zu sehen sind, wurde 1944 bei einem Bombenangriff zerstört.

KURZ & KNAPP

Der Name Viru

Virumaa, zu deutsch Wierland, ist eine Region im Nordosten Estlands, die gerne als Namensgeber für Straßen, Hotels und alle möglichen Produkte verwendet wird. Auf Finnisch steht *Viro* für ganz Estland.

❸ Viru-Tor
(Viru värav) ★★★   [D4]

Einer der Haupteingänge in die Alt-stadt ist das Viru-Tor. Heute trennt das Tor die Viru-Straße in den kurzen Teil außerhalb und den längeren in-nerhalb der Stadtmauer. 1362 wur-de das Tor als Lehmpforte (Savivärav) erwähnt, da sich hier Lehmgruben au-ßerhalb der Stadtmauer befanden. Die beiden heute zu sehenden Türme sind nur noch die **Nebentürme des Vortores,** das hier im 15. Jh. errich-tet wurde. Das Tor selbst wurde 1888 abgerissen. Noch beeindruckender dürfte der jedoch bereits 1843 abge-rissene fünfstöckige Hauptturm ge-wesen sein. Ein Modell des früheren Zustands ist im **Museum Kiek in de Kök** ❹❸ zu sehen. Aber auch die heu-te noch vorhandenen Reste geben immer ein gutes Fotomotiv ab.

❹ Müürivahe-Straße
(Müürivahe tänav) ★★   [D3]

Die enge Müürivahe-Straße, de-ren Name so viel bedeutet wie „Zwi-schen den Mauern", kreuzt die Viru-Straße vor dem modernen Gebäude des Kaufhauses De La Gardie. Sie zieht sich nach links und rechts der Stadtmauer entlang. Der belebtere Teil liegt jedoch rechts. Auf der Stadt-mauerseite bieten Händler **zu jeder Jahreszeit Wollsachen** an. Vor allem Socken, Schals und Handschuhe gibt es in großer Auswahl und mit dem ty-pisch estnischen Rautenmuster.

Bevor man in den romantischen **Katharinengang** ❺ einbiegt, sollte man einen Blick in den hinteren Teil der Straße werfen. Hier liegt in einem stillen Hinterhof der Eingang zur **Klau-sur des Dominikanerklosters** ❽. Di-rekt bei dem schmiedeeisernen Tor

am Ende der Straße befindet sich der **Munkadetagune-Turm** der Stadt-mauer (soviel wie „hinter den Mön-chen" wegen des benachbarten Klosters). Der Turm und der gedeck-te Wehrgang auf der Mauer bis zum benachbarten **Hellemann-Turm** kön-nen besichtigt werden, dort gibt es Ausstellungen.

> Munkadetagune und Hellemanni torn, Mai–Sept. 10–18 Uhr, im Winter je nach Betrieb kürzer oder geschlossen, Eintritt 3 €

❺ Katharinengang
(Katariina käik) ★★★   [D3]

Der Katharinengang mit seinem mit-telalterlichen Flair verbindet die Müü-rivahe-Straße und die Vene-Straße. Früher hieß der Durchgang Mönchs-passage, weil er entlang des ehema-ligen Dominikanerklosters verläuft. An der Außenwand der dazu gehö-renden Klosterkirche sind heute zahl-reiche Grabplatten bedeutender Bür-ger des 14. und 15. Jh. ausgestellt. Die ehemaligen Wohngebäude auf der anderen Seite stammen haupt-sächlich aus dem 15.–17. Jh. Dort befinden sich heute **Souvenir- und Handwerksläden.** Man kann hier z. B. einem Glasbläser bei seiner Arbeit zu-schauen. Die hiesigen Kunstgewerbe-treibenden und Handwerker haben sich zur Katharinagilde zusammen-geschlossen, der Zugang liegt an der Vene-Straße. Auch ein gutes **italieni-sches Restaurant,** das Controvento (s. S. 26), befindet sich hier.

Trotz der großen Beliebtheit bei Touristen hat die Straße etwas von ih-rem stillen Charme bewahrt. Deshalb war sie immer wieder **Drehort für his-torische Filme.** Die gemauerten Quer-streben, unter denen man hindurch-läuft, dienten ursprünglich dazu, die

oben überkragenden Häuser mit fragwürdiger Statik auf Distanz zu halten. An dem kleinen Platz findet sich der Eingang zur alten Klosterkirche ❽.

❻ Vene-Straße (Vene tänav) ★★★ [D3]

Die lebendige und bunte Vene-Straße gehört zu den schönsten der Altstadt. Sie verband den Alten Markt ❾ mit dem Hafen. Heute schlendert man vorbei an Cafés, erstklassigen Restaurants, Handwerksläden und -ständen, Galerien, Museen, einem Stück der Stadtmauer, Hotels und Kirchen. Benannt ist die Straße nach einem sehr alten russischen Kaufmannshof in der Nähe und der zugehörigen russischen Kirche (estn. „vene" = „russisch"). Auf Deutsch trug sie den Namen Mönchsstraße, weil hier das ehemalige Dominikanerkloster ❽ stand. Im Hof des Dominikanerklosters befindet sich seit 1844 die katholische **Peter-und-Pauls-Kathedrale** im neugotischen Stil und verkündet

⌂ Zwischen den engen Mauern des Katharinengangs

in großen Lettern, dass hier das Haus Gottes sei.

Weithin sichtbar und deutlich älter, nämlich aus dem 15. Jh., ist die orthodoxe **Kirche des hl. Nikolaus des Wundertäters.** Ihr heutiges Aussehen erhielt sie nach einem Umbau 1827. Sie ist der älteste Kuppelbau und ein besonders stilvolles Beispiel klassizistischer Architektur in Tallinn. Man sollte einen Blick hineinwerfen, denn die Kirche verfügt über eine prunkvolle Ikonenwand (Ikonostase).

Eine kleine Oase ist der Meistrite Hoov, der **Hof der Meister** (Nr. 6). Man findet hier nicht nur etwas Ruhe, sondern auch hervorragenden Kuchen und hochwertiges Kunsthandwerk. Dabei sieht man heute kaum noch, welche Arbeit nötig war, um diesen Hinterhof wiederherzustellen. Seit 1993 hat ein Verein Geld und Know-how gesammelt, um die seinerzeit völlig heruntergekommenen Gebäude zu sanieren. Zu dem Konzept gehört auch, dass hier Vertreter der verschiedenen Handwerke eng zusammenarbeiten und eine echte Gemeinschaft bilden.

❯ **Hof der Meister (Meistrite Hoov)**, Vene 6, geöffnet: tägl. 10–18 Uhr, am Wochenende manche Läden etwas kürzer

039tn Abb: ta

› Kirche des hl. Nikolaus des Wundertäters
(Püha Nikolai Imetegija kirik), Vene 24,
Tel. 6441945, geöffnet: Mo.–Fr. 10–18,
Sa. 8–21 Uhr, So. 7.30–15 Uhr

KLEINE PAUSE

Paradies für Schokoholiker

Im Meistrite Hoov liegt die **Pierre
Chocolaterie** (s. S. 31), bei der man
sich mit mächtigen Torten und gutem
Kaffee verwöhnen kann. Besonders
bei schönem Wetter sitzt man draußen angenehm. Nur wenig weiter
die Vene-Straße hinunter lädt das
Café Josephine (s. S. 29), das von
demselben Besitzer betrieben wird,
zu Sachertorte und anderen Leckereien ein. Die opulente Einrichtung
soll an das Paris der 1920er- und
-30er-Jahre erinnern. Im schumme-
rigen Café, das immer ein bisschen
durcheinander wirkt, lässt sich präch-
tig die Zeit (und regnerisches Wetter)
vergessen.

⌂ *Kaffee, Kunst und Kuchen
im Hof der Meister (s. S. 53)*

❼ Stadtmuseum (Tallinna linnamuuseum) ★★ [D3]

*Das Tallinner Stadtmuseum bietet
eine abwechslungsreiche Ausstellung zu verschiedenen Epochen der
Stadtgeschichte in einem schönen
mittelalterlichen Gebäudekomplex.*

Die Dauerausstellung mit dem Titel „**Die Stadt, die niemals fertig sein
wird**" (siehe Exkurs) beginnt mit einem Modell der Altstadt, welches
nach alten Zeichnungen angefertigt
wurde. Im ersten Stock finden sich
Ausstellungsstücke zur Geschichte
des Hafens – begleitet von Meeres-
rauschen und dem Rufen von Möwen
–, der Unterstadt mit ihren Handwerkern, Gilden und Händlern, zum Jus-
tizwesen sowie zum Leben auf dem
Domberg mit seinen Adeligen und
Rittern. Die zweite Stock ist der neueren Geschichte gewidmet, nämlich
der Zeit von der Estnischen Republik
1918 bis zur Singenden Revolution
1988. Hinter einem symbolischen ei-
sernen Vorhang (Gitterstäbe) ist dargestellt, wie die Exilesten während

Tallinn – die Stadt, die niemals fertig wird

Laut einer bekannten estnischen Legende lebt in einem See in der Nähe des heutigen Tallinner Flughafens, dem Ülemiste-See, der Ülemiste-Alte. Dieser merkwürdige Kauz trägt es den Stadtbewohnern nach, dass über sein Aussehen und seinen Gang in der Stadt gespottet wurde. Deshalb steigt er hin und wieder aus dem See, um nachzufragen, ob Tallinn fertig sei. Die Antwort muss immer lauten: „Nein, die Stadt ist nicht fertig, es gibt noch genug zu tun." Wenn Tallinn aber einmal fertig würde, würde das alte Männchen die Stadt überfluten. Deshalb darf Tallinn niemals fertig werden.

der sowjetischen Besatzung dazu beigetragen haben, die estnische Kultur zu bewahren. In dem Raum in der Zwischenetage finden Wechselausstellungen statt.

Die **Gebäude des Museums,** die 1965 für ihren heutigen Zweck hergerichtet wurden, dienten ursprünglich als Lager- und Wohnhäuser. Die erste Erwähnung findet sich 1363. Damals handelte es sich noch um mehrere separate Gebäude, die im 18. Jh. unter einem Dach vereint wurden. Einen der Vorbesitzer des Gebäudes, Hans Viant, der im 16. Jh. lebte, kann man als Puppe in dem kleinen Vorzimmer in der Diele sehen, wie er seine Kassenbücher prüft.

❯ Vene 17, Tel. 6155193, www.linnamuuseum.ee, März–Okt. Mi.–Mo. 10.30–18, Nov.–Feb. Mi.–Mo. 10–17.30 Uhr, Eintritt: 3,20 €

⑧ Dominikanerkloster (Dominiiklaste klooster) ★★[D3]

Das im Jahr 1246 von Dominikanermönchen gegründete Kloster liegt zwischen der Vene- und der Müürivahe-Straße. Im Lauf der Geschichte hat das Kloster schwere Zeiten erlebt. Bereits 1525 gaben die Dominikaner in Folge der Reformation ihre Tätigkeit in Tallinn auf. Sechs Jahre danach zerstörte ein Brand Teile des Klosters. Der Rest wurde später als Munitionslager verwendet und Bettler fanden hier eine Unterkunft. Erst im 19. Jh. entdeckte man die Schönheit der alten Klostermauern wieder. Heute sieht man noch die Reste der gewaltigen Kirche, die Ende des 14. Jh. fertiggestellt wurde und die **im Mittelalter das größte Kirchengebäude Nordeuropas** war. Im Katharinengang ❺, an der südlichen Außenwand der Kirche, sind Grab-

⌂ *Das Stadtmuseum ist einen Besuch wert*

genau schauen

Feuerzauber zwischen Altem Markt und Rathausplatz ⓫

KLEINE PAUSE

Tallinner Hipster zwischen alten Mauern
Im Sinilind (s. S. 33) trifft sich die Tallinner Hipsterszene und feiert bis spät in die Nacht, tagsüber ist das Lokal ein nettes Café im Retrostil, gutes Essen gibt es hier auch.

platten aus der Kirche ausgestellt. Von der Klausur sind der Innenhof mit Teilen des Kreuzgangs, Dormitorium, Bibliothek und Refektorium erhalten. Heute befindet sich dort ein Forschungsinstitut, die Räumlichkeiten können aber besichtigt werden.
❯ **Klausur des Dominikanerklosters (Dominiiklaste kloostri klausuur),** Müürivahe 33, www.claustrum.eu, Tel. 5112536, 15. Mai bis Ende Sept. tägl. 11–17 Uhr

❾ Alter Markt (Vana turg) ★★★ [C3]

Der Alte Markt ist klein und mündet in breit auslaufende Straßen, sodass er auf den ersten Blick gar nicht recht als Platz zu erkennen ist. Zudem herrscht hier meist eine solche Betriebsamkeit, dass man sich genötigt fühlen mag, gleich zum Rathausplatz durchzugehen. Doch es lohnt sich, einen Schritt zur Seite zu tun und das Ensemble aus mittelalterlichen Handelshäusern und neueren Prachtbauten in Ruhe auf sich wirken zu lassen.

Auf dem Alten Markt laufen fünf Straßen zusammen: Viru ❷, Vene ❻, Kuninga, Vanaturu kael und Suur-Karja. Es handelt sich hier wohl um den **ältesten Handelsplatz Tallinns.** Schaut man von der Vene-Straße ❻ kommend auf die gegenüberliegende Seite, sieht man dort das sog. **Bischofshaus** (Kuninga 1), zu erkennen an den sechs runden Bildnischen im Giebel. Es handelt sich um Abbildungen von Christus und den Evangelisten aus der ersten Hälfte des 15. Jh. Die gesamte Fassadenkomposition macht das Haus zu einem Unikat. Der halbe Giebel links des Haupthauses gehört zum Gebäudekomplex – daher auch „Vater-und-Sohn-Haus" genannt.

Das nächste Haus am Platz nach links ist die **Scheelbank.** Das Gebäude beherbergt heute die polnische Botschaft (Suur-Karja 1, Vana turg 2/4). Es ist erst 1904 errichtet worden, greift aber lokale Stilelemente auf und fügt sich daher gut in das Umfeld ein. Das Portal des spätmittelalterlichen Vorgängerbaus wurde in das Gebäude integriert.

Weiter nach links folgen mit Clazz und Peppersack zwei Adressen für das leibliche Wohl. Im **Peppersack**

(s. S. 27) kann man neben den Speisen die allabendlichen Duellvorführungen goutieren (gegen 20.30 Uhr). Der Name ist ein alter Spottname für reiche Hansekaufleute. Am unteren Ende des Platzes, in die Viru-Straße übergehend, folgt die elegante, historistische Fassade des **Demini-Hauses** von 1881, in dem sich einige Geschäfte befinden.

Weiter gegen den Uhrzeigersinn folgt mit der Adresse Vanaturu kael 3 das **Haus des Kaufmanns Johan Hopner** oder Höppner (estn. Hopneri maja). Es gibt einen weiteren Zugang beim Raekoja plats 18. Es handelt sich um ein eindrucksvolles, besonders gut erhaltenes mittelalterliches Bürger- und Kaufmannshaus aus dem 14.–15. Jh. Auffällig sind die großen Fenster im Erdgeschoss und der Beischlag, die auf die Straße ragende Vortreppe. Dieser Beischlag ist der einzige original erhaltene in Tallinn. Die sehenswerte Eingangshalle wird heute für verschiedene Veranstaltungen genutzt. Das kleine Eckhaus mit den auffälligen farbigen Reliefs gehört ebenfalls noch zum Gebäudekomplex, nachdem die verschiedenen Teile im 17. Jh. unter einem Dach zusammengefasst wurden. Die Relieftafeln stammen aus dem 16. Jh. und wurden von dem bedeutenden Bildhauer Arent Passer geschaffen. Es handelt sich allerdings um Kopien, die Originale befinden sich im Haus. Dargestellt sind von links nach rechts die Evangelisten Markus, Matthäus, Lukas und Johannes, die Apostel Paulus und Petrus und etwas unterhalb Jesus.

> ⊡ *Ein besonders gut erhaltenes Stück Mittelalter – das Haus des Kaufmanns Johan Hopner*

KURZ & KNAPP

Der Beischlag

An einigen Altstadthäusern kann man einen steinernen Vorbau sehen, den sog. Beischlag. Eine Treppe ragt recht weit auf die Straße hinaus, oben befinden sich eingelassene Sitzbänke, auf denen man den neuesten Tratsch austauschen konnte, daneben zeigen in Stein gehauene Symbole auf den Beischlagsteinen die Funktion des Gebäudes an. Früher stand hier in der Regel das Familienwappen des Besitzers. Beispiele für diese Bauform findet man u. a. am Hopneri maja am Alten Markt **9**, am Stadttheater **29** und vor dem Haus der Tallinner Kulturgüterverwaltung (s. S. 59). Früher waren die Beischläge deutlich zahlreicher, wurden aber im 19. Jh. im Zuge des Ausbaus der Straßen für den Verkehr abgerissen. Später besann man sich auf ihre Bedeutung für das historische Stadtbild und errichtete sie neu.

042tn Abb.: ta

⑩ Olde Hansa ★★★ [C4]

Das ehemalige Kaufmanns- und Packhaus an der Ecke Vana Turg und Vanaturu kael beherbergt heute das **Mittelalterrestaurant** Olde Hansa. Hier wird Wert darauf gelegt, dass nur Speisen angeboten werden, die man im Mittelalter tatsächlich bekommen hätte: Kartoffeln und Mais aus der Neuen Welt wird man also vergeblich suchen. Stattdessen stehen warmer Kräuterschnaps und Wildschwein auf der Karte. Das bei Touristen beliebte Restaurant lohnt auf jeden Fall einen Besuch, denn bei aller Geschäftstüchtigkeit der Betreiber muss man ihnen viel Liebe zum Detail zugute halten, wie man bei einem Besuch der witzig gestalteten Toilette feststellen kann.

Zum Restaurant gehört ein **Souvenirgeschäft, die „Krambude"**, in dem sich allerlei Mitbringsel finden lassen – natürlich alle mittelalterlich. Der Holzkarren vorm Eingang mit den leckeren süß-salzigen Mandeln ist schon eine Institution.

Trotz der hier angebotenen Ablenkung lohnt sich noch ein Blick auf das mächtige Gebäude. Das Packhaus entstand 1654, nachdem die früheren Speicher und Läden zusammengelegt wurden. Hier lagerten überwiegend die ausländischen Kaufleute ihre Waren. Im 18. Jh. war es das einzige Lager und die einzige Verkaufsstelle für wertvolle Importwaren.

❯ Restaurant, Vana turg 1 und Vanaturu kael 8, Tel. 6279020, www.oldehansa. ee, tägl. 10–24 Uhr. Es gibt Eingänge auf beiden Seiten des Hauses. Die beiden Teile des Restaurants sind nicht verbunden, die Speisekarte ist aber die gleiche.
❯ Souvenirgeschäft, Vana turg 1, Tel. 6279020, www.oldehansa.net, So.–Do. 9–21, Fr./Sa. 9–23 Uhr

⑪ Rathausplatz (Raekoja plats) ★★★ [C3]

Nicht weniger als acht Straßen führen zum Rathausplatz. Er war und ist das Herz der Stadt. Hier wimmelte schon immer das Leben: Früher waren es die Händler und Gaukler, heute bevölkern Touristen und Einheimische die Cafés und Restaurants, die für jeden Geschmack etwas bieten.

Eingelassen in das Pflaster des Rathausplatzes steht auf einer runden Steinplatte „Auf dem Rathausplatz befand sich der **Nullpunkt des alten Tallinn**". Von hier wurden also die Entfernungen gemessen. Aber man kann das durchaus auch im übertragenen Sinn verstehen – es war eben das Herz des mittelalterlichen Tallinn. Hier wurde gehandelt und diskutiert, Gesetze wurden öffentlich von einem Fenster des Rathauses aus verkündet, es gab Turniere, Prozessionen und allerlei Unterhaltung. Zu Letzterer gehörte in gewisser Weise auch der Pranger, der von 1337 bis 1816 in der Mitte des Platzes stand. Einen kunstvoll geschnitzten Kopf, mit dem dieser verziert war, kann man heute im Turm Kiek in de Kök ㊸ besichtigen. Die erste Erwähnung des Platzes findet sich 1313, spätestens seit dem 14. Jh. ist er gepflastert. Bekannt war er auch als Neu-, Deutscher, Großer und Schwedischer Markt, erst seit 1923 heißt er offiziell Rathausplatz. Schließlich wurde hier schon seit 1896 kein Markt mehr abgehalten, denn die engen Altstadtstraßen waren für den modernen Handel nicht mehr angemessen.

▷ *Vor den schmucken Fassaden laden Restaurants zum Verweilen ein*

Heute sorgen verschiedene Veranstaltungen für eine besondere Atmosphäre. So findet bei den Altstadttagen Anfang Juni ein **buntes Kulturprogramm** statt, auf Handwerksmärkten wird das bunte Markttreiben früherer Zeiten wieder zum Leben erweckt. Vielleicht am schönsten ist der Platz zur Weihnachtszeit, wenn um den Weihnachtsbaum herum der Weihnachtsmarkt stattfindet. Auch diese Tradition in Tallinn ist uralt: Seit 1441 wird jedes Jahr ein Baum aufgestellt.

Dominiert wird der Platz vom Rathaus ⓬, aber auch die anderen Gebäude lohnen ein Blick.

An der **Westseite** des Platzes befinden sich mehrere Bürgerhäuser, in denen sich Restaurants und Geschäfte befinden. Das kleine, aber hübsche blaue Gebäude (Raekoja plats 5) stammt in seiner heutigen Form aus dem Jahr 1848. Das vierstöckige Haus nebenan (Kinga 1) ist nicht nur deutlich größer, sondern in der Gestaltung der Fassade auch aufwendiger.

Die Häuser an der **Nordseite**, gegenüber dem Rathaus, haben teilweise ihr älteres Aussehen bewahrt, vor allem das Gebäude mit der Ratsapotheke ⓭ in der rechten Ecke. An der Fassade des mittleren Hauses (Mad Murphy's) ist eine kleine Sonnenuhr von 1747 zu sehen. Außerdem bemerkenswert: der ungewöhnliche Giebel der schmalen Fassade bei Nr. 8 (mit Restaurant Vana Toomas) und der Erker des linken Teils des Hauses. An der Ostseite des Platzes fällt die **bunte Mischung an Fassadenformen** ins Auge. Interessant ist das kleinste Haus am Platz, ganz links (Raekoja plats 12). Es gehörte Handwerkern, allerdings hochgestellten Goldschmieden und Buchbindern. Dennoch: Die meisten Nachbarn hier waren Ratsherren, Fernkaufleute, Bischöfe und dergleichen.

Heute wird das Haus von der Tallinner **Kulturgüterverwaltung** genutzt. Wenn die Cafés voll sind, kann man auf den Steinbänken des Beischlags, der vor der Eingangstür auf die Straße ragt, gut eine **Pause machen**. Des Weiteren findet sich hier das „Studentenhaus" wie der Schriftzug „Tudengimaja" verkündet. Hier ist

noch die Warenluke im Giebel erhalten (Raekoja plats 16), im Haus gibt es feinste Zigarren. Den rechten Abschluss dieser Platzseite bildet das Hopner-Haus, welches bereits beim Alten Markt ❾ erwähnt wurde. Ein Haus fehlt. 1944 zerstörte der sowjetische Luftangriff auf Tallinn das alte Waagehaus, welches mitten auf dem Platz stand. Es war das älteste Gebäude im Renaissancestil in Tallinn.

⓬ Rathaus (Raekoda) ★ ★ ★ [C3]

Der Rathausplatz wird dominiert vom Rathaus. Mit seiner palazzoartigen Fassade, dem eleganten schlanken Turm und dem Vana Toomas als Wetterfahne ist das Rathaus der Stolz der Stadt.

Das Tallinner Rathaus wurde 1322 zum ersten Mal erwähnt. Man geht aber davon aus, dass es eigentlich sogar älter ist. Als Tallinn am Ende des 14. Jh. zu einem der wichtigsten Handelszentren im Ostseeraum aufstieg, brauchte man ein repräsentativeres Aussehen für das Rathaus: 1404 wurde das alte Rathaus zu einem **stattlichen zweistöckigen Gebäude** umgebaut und erhielt im Wesentlichen sein heutiges Äußeres. Damit ist es das einzige noch erhaltene Rathaus im gotischen Stil im nördlichen Europa – auch weil andere Städte Tallinn den Rang abliefen. Zu einer Zeit, als z. B. in Riga Barock- oder Jugendstilfassaden in Mode kamen und entsprechende Umbauten vorgenommen wurden, blieb in Tallinn alles beim Alten.

Besonders die Fassade mit dem offenen Laubengang, die drachenkopfförmigen Wasserspeier aus dem Jahr 1627 und der 64 m hohe Turm mit dem Vana Toomas an seiner Spitze ziehen Blicke auf sich. **Der Alte Thomas**, der als Wetterfahne und bekanntester Wächter der Stadt dient, ist eins der wichtigsten Symbole der Stadt. Das Original aus dem Jahr 1530 findet man im Keller des Rathauses, während eine Kopie aus den 1950er-Jahren im Stadtmuseum ❼ ausgestellt ist. Auf dem Rathausdach sieht man also Toomas III. An der Fassade des Rathauses gibt es noch mehr Details zu entdecken: Ein Halseisen aus dem Jahr 1708 zur Befestigung von Verbrechern ist da zu finden und neben dem Eingang auch eine eiserne, hakenförmige Stange, mit der die Kaufleute und deren Kunden die Länge des Stoffes prüfen konnten. Das Rathaus beherbergte frü-

045tn Abb.: 1a

◁ *Das gotische Rathaus ist die berühmteste Sehenswürdigkeit der Stadt*

046tn Abb.: hr

KURZ & KNAPP

Vana Toomas

Hin und wieder wird man in Tallinn dem Alten Thomas, auf Estnisch Vana Toomas, begegnen. Die Legende berichtet, dass Toomas als Junge viel Zeit mit den Stadtwachen verbrachte, weil seine Mutter ihn bei diesen in Obhut ließ, wenn sie in der Stadt Fisch verkaufte. Von ihnen lernte er schon früh das Bogenschießen. Im Alter von sechzehn Jahren wurde er berühmt. Bei einem jährlichen Fest, bei dem ein hölzerner Papagei von einer hohen Stange geschossen werden musste, gelang ihm, dem unbekannten, armen Jungen, was die Teilnehmer des Fests, die besten Schützen, nicht schafften – den Vogel abzuschießen. Daraufhin erhielt der Junge eine lebenslange Anstellung bei der Stadtwache und galt Zeit seines Lebens als ein vorbildlicher Wächter. Der Alte Thomas ist seitdem eine populäre Figur und ein Symbol für die Stadt. Er dient zudem als Wetterfahne und als Namensgeber für ein Restaurant.

her nicht nur den Magistrat der Stadt (1248–1970) und diente als Repräsentationsbau, sondern es befanden sich hier auch Weinkeller, Warenlager und Geschäfte.

Wie die mittelalterlichen Tallinner gelebt haben, kann man im **Rathauskeller** erfahren. Außerdem können der Warensaal, in dem das älteste Möbelstück des Rathauses, eine Ratsherrenbank aus dem 14. Jh., steht, die Weinkammer, der Bürgersaal, der Ratssaal, die Küche, die Kämmerei und das Dachgeschoss, in dem die Restaurierungsgeschichte des Rathauses erzählt wird, besucht werden.

Der prächtigste Raum im Rathaus ist der **Ratssaal**, in dem die Ratsherren tagten (als Tallinner Stadtverwaltung bis 1970!). Zu sehen sind hier meisterlich geschnitzte Bänke aus dem 14.–15. Jh. sowie kunstvolle belgische Wandteppiche aus dem 16. Jh. (diese auch im Bürgersaal). Allerdings handelt es sich um Kopien, die Originale befinden sich im Stadtmuseum. Heute dient das Rathaus repräsentativen Zwecken: Wichtige Gäste der Stadt werden hier empfangen, es finden Konzerte und andere kulturelle Veranstaltungen statt. Und wenn man sich in Tallinn verabredet, sagt man oft: „Lass uns vor dem Rathaus treffen!" – das kann keiner verfehlen.

❯ Raekoja plats 1, Tel. 6457900, veeb.tallinn.ee/raekoda, Juli/Aug. Mo.–Sa. 10–16 Uhr, sonst nur auf Anfrage. Der Turm hat eigene Öffnungszeiten: Mai–Sept. tägl. 11–18 Uhr.

◿ *Diese Kopie des Alten Thomas („Vana Toomas") kann im Rathaus besichtigt werden*

⑬ Ratsapotheke (Raeapteek) ★★ [C3]

Auf dem Tallinner Rathausplatz steht recht unscheinbar in einer Ecke eine kleine Sensation: eine der ältesten noch betriebenen Apotheken der Welt.

Die wechselvolle Geschichte der Apotheke reicht zurück bis ins Mittelalter. Eine Urkunde datiert den Beginn des Betriebs auf das Jahr 1422. Bemerkenswert ist, dass die Apotheke über die Hälfte ihrer **rund 600-jährigen Geschichte** von einer einzigen Familie geführt wurde. Johann Burchart pachtete die Apotheke 1582 von der Stadt. Später erbten jeweils die erstgeborenen Söhne, die immer den Namen Johann erhielten, den Betrieb und bildeten auf diese Weise eine Art Dynastie, die über die eigentliche Apotheke hinaus eine bedeutende Stellung in der Stadt erlangte.

So soll Johann Burchardt V., der auch die siegreiche russische Armee mit Medikamenten versorgte, 1725 sogar an das Sterbebett Peters I. gerufen worden sein (er kam jedoch zu spät). Johann Burchart VIII. richtete zusätzlich ein privates Museum in der Apotheke ein und organisierte 1802 die erste Kunstausstellung in Tallinn. Erst **1911 endete die Familientradition** mit dem Verkauf der Apotheke an den Deutschbalten Rudolf Carl Georg Lehbert. Heute befindet sich die Apotheke im Erdgeschoss, im ersten Stock das Knoblauchrestaurant Balthasar (s. S. 27).

⑭ Weckengang (Saiakang) ★★★ [C3]

Eine schmale Gasse verbindet den Rathausplatz ⑪ mit dem Suurgildi-Platz vor der Heiliggeistkirche ⑮. Vom Rathausplatz aus geht man durch den Durchgang neben der Ratsapotheke ⑬. Der alte Fußpfad hat seinen Namen Weckengang im 14. Jh. nach den dort ansässigen Backstuben erhalten. Heute findet man auf kleinstem Raum **Gastronomie und Kunsthandwerk.** Zu empfehlen ist das Knoblauchrestaurant Balthasar (s. S. 27), dessen Eingang hinter dem Torgewölbe liegt. Hier wird sogar das Eis mit Knoblauch serviert. Die Plätze in dem kleinen Innenhof sind im Sommer besonders ange-

---

LITERATURTIPP

Mit den Augen des Chronisten

Der historische Roman **Das Leben des Balthasar Russow** des über Estlands Grenzen hinaus bekannten Schriftstellers Jaan Kross erweckt einen der bedeutendsten Geschichtsschreiber des Baltikums zum Leben. Balthasar Russow (1536–1600), Tallinner vermutlich estnischer Abstammung, verfasste (auf niederdeutsch) die „Chronik der Provinz Livland", in der die Geschichte der Region vom 13. bis 16. Jahrhundert dargestellt wird. Außerdem war er Pfarrer der estnischsprachigen Gemeinde der Heiliggeistkirche ⑮. Die äußerst umfangreiche Romanfassung seines Lebens ist kein einfacher Historienschmöker, sondern ein fein komponiertes Werk, das die belegbaren historischen Fakten zu einem komplexen Geflecht von Bezügen zur estnischen Geschichte und Kultur verwebt. Eine deutsche Übersetzung wurde angefertigt, diese ist aber derzeit nur antiquarisch erhältlich.

nehm. Benannt ist das Restaurant nach Balthasar Russow (Literaturtipp s. unten), einem bedeutenden Chronisten des 16. Jh., der hier wohnte. Wem der Appetit eher nach Süßem steht, liegt in der Chocolaterie Kehrwieder (s. S. 29) gegenüber richtig. Im Winter unschlagbar gemütlich!

Gegenüber, in einem rosafarbenen Häuschen aus dem Jahr 1656, befindet sich ein Souvenirgeschäft. Es ist das **kleinste Bürgerhaus Tallinns**. Wenn man an diesem Haus rechts vorbeigeht, findet man hinter der Heiliggeistkirche den „Hof der Seelen" (Hingede õu) mit einigen Sitzplätzen, dort kann man Kaffee und Ruhe genießen. Durch den Hof gelangt man in die Pühavaimu-Straße auf der Höhe des Siechenhauses **16**. Folgt man dagegen dem Weckengang, kommt man am gleichnamigen, ebenfalls empfehlenswerten Café vorbei. Rechts befindet sich noch der Kunsthandwerksladen mit der vielleicht kleinsten Tür Tallinns.

15 Heiliggeistkirche (Püha Vaimu kirik) ★★★ [C3]

Die Heiliggeistkirche zählt zu den ältesten Kirchen Tallinns und ist in besonders ursprünglichem Zustand erhalten. Sie beherbergt zudem zwei bedeutende Kunstschätze – den Altar und die Uhr an der Außenseite.

Anfang des 14. Jh. wurde die Kirche als Kapelle zum benachbarten Spital **16** errichtet und diente wohl auch dem Stadtrat hin und wieder als Versammlungsraum. Bereits seit 1531, also in der Folge der Reformation in Estland, wurden Gottesdienste auf Estnisch gehalten und die Kirche war das Zentrum der estnischsprachigen Gemeinde Tallinns. Balthasar Russow (Literaturtipp s. o.) diente

hier als Pastor. Bereits an der Außenwand ist ein bekanntes Kunstwerk zu sehen: die **barocke Wanduhr** des Schnitzers und Bildhauers Christian Ackermann von 1684. Die Uhr dürfte einen guten Platz in der Rangliste der meistfotografierten Sehenswürdigkeiten in Tallinn belegen. Übrigens ist die „4" in lateinischen Ziffern ungewöhnlich geschrieben: IIII statt IV.

Im Inneren der reich ausgestatteten Kirche gibt es den bedeutenden **Altar aus dem 15. Jh. von Bernt Notke** zu bestaunen, dem Lübecker Meister, der auch den Totentanz in der Nikolaikirche **44** beigesteuert hat. Die hl. Elisabeth von Thüringen, auch Schutzheilige des Deutschen Ordens, ist auf den äußersten vier Bildtafeln des geöffneten Altars zu sehen. Beachtenswert: die Malereien mit biblischen Motiven entlang der Balkonvorderseite, die Sitzbänke aus dem 17. und 18. Jh., die Leuchter im Renaissance- und Barockstil und die barocken Epitaphe aus dem 16. und 17. Jh.

❯ Pühavaimu 2, Juni–Aug. Mo.–Sa. 9–18 Uhr, Mai–Sept. Mo.–Sa. 9–17 Uhr, Okt.–Dez. u. März/April Mo.–Sa. 10–15 Uhr, Jan./Feb. wochentags etwas kürzer, Eintritt: 1 €

16 Siechenhaus zum Hl. Geist (Tallinna Püha Vaimu seek) ★ [C3]

Direkt neben der Heiliggeistkirche **15** befindet sich das zugehörige Siechenhaus (Pühavaimu 6). Hier wurden Arme, Obdachlose und Alte versorgt. Die Einrichtung bestand 1334–1620. 1641 wurde das Spital zur Mädchenschule umgebaut. Heute wird das Gebäude vom Theologischen Institut der Estnischen Evangelisch-Lutherischen Kirche genutzt. In einem kleinen Gästehaus werden Studenten und an-

047 tn Abb.: ta

dere Gäste untergebracht. Man sollte nicht versäumen, einen Blick in den Innenhof zu werfen (Durchgang rechts neben der Tür).

⑰ Lange Straße
(Pikk tänav) ★★★ [D3]

Die Lange Straße, eine der ältesten und wichtigsten Straßen der Altstadt, verbindet den Domberg mit dem Hafen. Hier befanden sich viele wichtige öffentliche Gebäude, allen voran die Gildenhäuser. Viele prächtige Fassaden verschiedener Epochen sind zu entdecken. Aber es gibt auch reichlich Möglichkeiten, um sich zu stärken und zu erfrischen.

Schon Ende des 14. Jh. war die Straße unter ihrem heutigen Namen bekannt. Nach dem Entladen der Schiffe wurden die Waren über diesen „langen Weg" auf den Markt oder in die Packhäuser gebracht. Die Kaufleute und Handwerker schlossen sich in Gilden zusammen, die ihre prachtvollen Versammlungshäuser an der

Straße errichteten. Neben den **vier Gildenhäusern** finden sich weitere reich geschmückte Gebäude, davon einige mit herausragenden Jugendstilfassaden. Vom Rathausplatz kommend beginnt der Weg am Haus der Großen Gilde ⑱. Der Bedeutung der Gilde entsprechend, ist es ein besonders beeindruckendes Exemplar. Nebenan (Pikk 19) ist ein Wohnhaus des Adels im frühklassizistischen Stil des endenden 18. Jh. zu sehen, heute die russische Botschaft.

Gegenüber liegt das Café Maiasmokk (Pikk 16) (s. S. 30), dessen Ursprünge auf das Jahr 1864 zurückreichen, die Konditortradition im Haus ist noch deutlich älter. Auch in der Sowjetzeit war dies die Adresse für feine Kuchen, Gebäck und Marzipan. Ein Blick hinein lohnt sich schon wegen des Interieurs, des Fußbodens und der Decke. Links schließt sich die extravagante Jugendstilfassade eines Geschäfts- und Wohnhauses von 1910 an (Pikk 18). Hier befindet sich heute eine Galerie. Auch das Haus gegenüber (Pikk 25) verfügt über eine kaum weniger verschnörkelte Jugendstilfassade. Die Besonderheit hier ist **Der Herr mit der Lesehilfe**, der über den Giebel schaut (s. Exkurs S. 65). Es folgen auf der rechten Seite das Haus der Kanut-Gilde ⑲, das der Olai-Gilde ⑳ und das Schwarzhäupterhaus ㉑. Danach (Pikk 28) passiert man ein Adelspalais der Familie von Rosen aus dem Jahr 1670, welches heute die schwedische Botschaft beherbergt.

Damit ist man am **Grünen Markt** (Roheline turg) angelangt, an dem sich die Straße gabelt. Hier fand jahrhundertelang der Fischmarkt statt, seit dem 19. Jh. aber ein Gemüsemarkt, von welchem der heutige Name stammt. In der Mitte steht

⌃ *Buntes Treiben auf der Pikk tänav*

eine kleine orthodoxe Kapelle aus dem Jahr 1909. Wer mittlerweile durstig geworden ist, findet hier Einkehrmöglichkeiten. Die Pikk-Straße geht nach links weiter. Ein besonders schönes spätgotisches Wohn- und Lagerhaus befindet sich an der Ecke zur Vaimu-Straße (Pikk 45, Restaurant Bonaparte).

Der große Gebäudekomplex an der nächsten Straßenecke (Pikk 59/Pagari 1) ist mit einem finsteren Kapitel der Sowjetzeit verbunden. Hier befand sich das **Hauptquartier des KGB**. Die Zellen, in denen die angeblichen Staatsfeinde eingesperrt wurden, lagen hinter den zugemauerten Kellerfenstern. Für viele Esten begann hier der lange Weg nach Sibirien. Das Haus stammt aus dem Jahr 1912 und ist dem klassizistischen Jugendstil zuzurechnen. Das Gebäude diente die meiste Zeit über einschlägigen Institutionen, so dem estnischen Kriegsministerium, dem KGB, der Polizeizentrale der Estnischen Republik und der Staatsanwaltschaft. Heute befinden sich hier luxuriöse Wohnungen. Bevor die Pikk-Straße an der Großen Strandpforte ㉓ endet, kommt man noch an dem schönen Hausensemble „Drei Schwestern" ㉒ vorbei.

⑱ Haus der Großen Gilde (Suurgildi hoone) ★ ★ ★ [C3]

Steuert man vom Rathausplatz auf die Pikk-Straße zu, fällt der Blick auf den hohen gotischen Giebel des Hauses der Großen Gilde (Pikk 17). Diese zentrale Lage ist kein Zufall. Die Große Gilde war der **Zusammenschluss der mächtigen Fernkaufleute**. Im 13. Jh. verlangte das lübische (Lübecker) Recht, das in Tallinn galt, dass Kaufleute und Handwerker sich nach ihren Berufen zusammenschlossen. Zu

dieser Zeit entstanden die ersten Gilden in Tallinn. Während die eine unverheiratete Männer versammelte, trafen sich die kleinen Handwerker in der nächsten. Um Mitglied der Großen Gilde werden zu können, musste man ein reicher Kaufmann oder Goldschmied sein, ein Haus besitzen und verheiratet sein. Ratsherren und Bürgermeister stammten ausschließlich aus den Reihen der Großen Gilde.

Doch nicht nur politische Fragen wurden in der Großen Gilde entschieden. Sie war auch der Ort für religiöse Zeremonien, für die gepflegte Konversation, Feste und Trinkgelage, Konzerte und Theateraufführungen. Ihre Tätigkeit dauerte von 1325 bis 1920. Das Gebäude im spätgotischen Stil war eins der wichtigsten in der mittelalterlichen Handelsstadt. Es wurde im Jahr 1410 gebaut und trägt die Handschrift derselben Baumeis-

▌ Der Herr mit der Lesehilfe

Auf dem Dachgiebel des Hauses Pikk 25 sieht man einen Herrn mit einer Brille, der interessiert in die Gegend schaut. **Eine Legende** *erzählt, dass in diesem Haus ein Kaufmann mit seiner schönen jungen Frau lebte. Jeden Abend, wenn sie sich auszog, sah sie, dass aus dem gegenüberliegenden Haus ein älterer Herr sie beobachtete. Sie beschwerte sich bei ihrem Mann. Der Kaufmann, der vom Verhalten des Nachbarn nicht begeistert war, hatte eine gute Idee. Er ließ eine Büste des Neugierigen anfertigen und diese am Giebel anbringen. Jetzt sah der alte Mann nicht nur die Frau, sondern auch sich selbst, und das verdarb ihm die Lust. Er soll sogar aus dem Haus ausgezogen sein.*

ter, die auch das Rathaus **12** errichteten. Die Fassade wird durch die hoch aufstrebenden Blindnischen klar gegliedert und besticht durch schlichte Eleganz.

Innen ist insbesondere der **Hauptsaal** mit seinen kunstvoll verzierten Pfeilern sehenswert. Die Ausstellung des **Estnischen Geschichtsmuseums,** die man hier findet, umfasst Alltagsgegenstände und Waffen, Schmuck und Münzen und vermittelt ein gutes Bild vom Leben in früherer Zeit. Wie auch andere Tallinner Museen ist das Estnische Geschichtsmuseum auf mehrere Gebäude verteilt. Ein weiterer Teil befindet sich im Marienberger Schloss **67**. Der Museumsshop ist zu erreichen, indem man dem Durchgang in die Gasse namens Börsi käik links des Eingangs folgt.

〉 **Estnisches Geschichtsmuseum**
   (Eesti Ajaloomuuseum), Pikk 17,
   Tel. 6968631, www.ajaloomuuseum.
   ee, geöffnet: tägl. 10–18 Uhr, Okt.–April
   mittwochs geschlossen, Eintritt: 5 €

19 Haus der Kanut-Gilde
(Kanuti gildi hoone) ★ ★   [C3]

Die seit 1326 belegte Kanut-Gilde (Pikk 20) war zunächst eine geistliche Bruderschaft und entwickelte sich dann zur Gilde der deutschen, höhergestellten Handwerker. Ihre Blütezeit hatte sie im 16. Jh., bis 1920 blieb sie aktiv. Ihr Namenspatron ist der heiliggesprochene **König Knut IV. von Dänemark** (1043–1086). Die Schreibweisen Kanut und Knut sind austauschbar. Das heute sichtbare Gebäude im Tudorstil wurde 1864 durch Umbau von drei mittelalterlichen Einzelhäusern geschaffen. Das auffälligste Fassadenelement sind die beiden großen Figuren, links der hl. Kanut, rechts Martin Luther. Darunter sind die Wappen von Tallinn

und Estland zu sehen. Heute hat ein Tanztheater, in dem hochrangige internationale Gruppen auftreten, die Räume bezogen.

〉 Saal der Kanut-Gilde (Kanuti Gildi Saal),
   Pikk 20, Tel. 6464704, www.saal.ee

20 Haus der Olai-Gilde
(Oleviste gildi hoone) ★   [C3]

Die Olai-Gilde (Pikk 24) war der Zusammenschluss der kleineren und weniger angesehenen Handwerker wie Zimmerleute, Schlachter, Gerber und zwei Dutzend weitere. Diese Berufe wurden meistens von Esten und Schweden ausgeübt. 1341 findet sich die erste Erwähnung der Gilde, seit 1369 war das Haus in ihrem Besitz. Bereits Ende des 17. Jh. ging sie in der Kanut-Gilde auf. Zwar ist die Fassade weniger spektakulär als bei den anderen Gilden, doch der zweischiffige Gildesaal mit Gewölbedecke ist ein herausragendes Beispiel des gotischen Stils. Namenspatron dieser Gilde ist der heiliggesprochene **Olav II. Haraldsson von Norwegen** (995–1030). Der Saal kann im Zusammenhang mit dem Schwarzhäupterhaus **21** besichtigt werden, wo sich auch der Zugang befindet.

21 Schwarzhäupterhaus
(Mustpeade Maja) ★ ★ ★   [C3]

Bei dem Haus mit der Nummer 26 handelt es sich um das Versammlungshaus der Bruderschaft der Schwarzhäupter. Hier trafen sich seit dem 15. Jh. die **unverheirateten Kaufleute** zum gepflegten Schwätzchen oder für einen lukrativen Geschäftsabschluss. Auch das religiöse Leben fand häufig in diesem Kreis statt. Schutzpatron der Gilde war der hl. Mauritius, von dessen dunkler Hautfarbe sich der eigenwillige Name der Gemeinschaft ableitet. Mauritius, ein aus Ägypten stammender Heerführer in römischen Diensten, fand im mitteldeutschen Raum Verehrung und ziert dort bis heute einige Stadtwappen. In Riga gibt es ein weiteres, deutlich prächtigeres Haus der Schwarzhäupter. Aber auch das unscheinbarere in Tallinn ist einen genauen Blick wert.

Insbesondere das farbenfrohe, mit **Steinmetzarbeiten und Schnitzereien** reich verzierte Portal fällt ins Auge. Im Zentrum der Schnitzarbeiten über der Tür steht der Kopf des Mauritius. Die Wappen der Hansekontore in der Zeile über dem Erdgeschoss deuten auf die weitreichenden Handelsverbindungen der Kaufleute dieser Gemeinschaft. Die zwei Reliefplatten zwischen den Fenstern im ersten Stock zeigen Szenen aus dem ritterlichen Leben, das dem Ideal der jungen Männer entsprach. Die Reliefs oben zeigen Christus und die allegorischen Figuren von Gerechtigkeit und Frieden. An der Fassadengestaltung war der gebürtige Niederländer Arent Passer beteiligt, dem man u. a. auch bei der Domkirche ㉟ begegnet und der Stilelemente aus seiner Heimat hier einfließen ließ. Mit der Umsiedlung der zumeist deutschen Mitglieder am Vorabend des Zweiten Weltkriegs fand auch das Gildensystem, das über Jahrhunderte das Wirtschaftsleben der Stadt bestimmt hatte, ein Ende.

› Pikk 26, Tel. 6313199, www. mustpeademaja.ee. Die Innenräume können nur im Sommer besichtigt werden. Es finden aber regelmäßig Kulturveranstaltungen statt. Infos und Karten bei Piletilevi (s. S. 116).

◻ *Eine schöner als die andere:*
die Drei Schwestern

㉒ Drei Schwestern (Kolm õde) ★★ [D2]

Die Drei Schwestern sind ein besonders schönes **Ensemble von spätgotischen Handels- und Speicherhäusern** aus dem 15. Jh. Die Legende berichtet, dass ein Kaufmann sie für seine drei Töchter errichten ließ. Jedenfalls gehörten sie später verschiedenen wichtigen Persönlichkeiten der Stadt. Seit 2003 beherbergen die drei Häuser zusammen ein teures Hotel (s. S. 125), in dem u. a. auch schon Königin Elizabeth II. von England und Metallica nächtigten. Es gibt auch die Drei Brüder in der Lai-Straße ㉚.

㉓ Dicke Margarethe (Paks Margareeta) und Großes Strandtor (Suur Rannavärav) ★★ [D2]

Die Dicke Margarethe ist ein **Teil der Stadtbefestigung**, und zwar, wie der Name schon verrät, ein besonders wuchtiger. Zwar rechnet man sie zu den Türmen der Stadtmauer, aber

048tn Abb.: ta

049tn Abb.: ta

mit 20 m Höhe und 25 m Durchmesser hat die dicke Margarethe die für Türme zumindest ungewöhnliche Eigenschaft, **breiter als hoch** zu sein. Schutz sollte das 1529 fertiggestellte Bauwerk insbesondere vor Angriffen vom Finnischen Meerbusen her bieten. Der Name des Stadttors neben dem Turm, Großes Strandtor, verweist ebenfalls auf die Ausrichtung zum Meer, die heute nicht mehr so deutlich erkennbar ist. Die Verbindung zur Seefahrt ist aber geblieben, denn hinter den bis zu 5,50 m

dicken Mauern befindet sich heute der **Hauptsitz des Estnischen Maritimen Museums,** das auf vier Etagen einen interessanten Einblick in verschiedene Bereiche des Lebens mit und auf dem Meer gibt, darunter Themen wie Schiffbau, Fischerei, Häfen und Navigation.

Der größere und neuere Teil der Ausstellung befindet sich in den umgebauten Wasserflugzeughangars (s. S. 37). Am Kai sind auch die Museumsschiffe zu finden.

Ein Besuch des Museums lohnt auch für Landratten, denn vom Turm aus hat man einen schönen Ausblick über die Umgebung bis zum Hafen. An diesem Punkt kann man die Altstadt kurz durch die Große Strandpforte verlassen und nach rechts um den Turm herumgehen. Dort befindet sich ein **Denkmal für die Opfer der Estonia-Katastrophe,** das den Titel „Unterbrochene Linie" (Katkenud liin) trägt. Der jäh abbrechende Metallbogen symbolisiert den Untergang des Schiffes auf seiner Fahrtroute.

❯ **Estnisches Maritimes Museum (Eesti Meremuuseum),** Pikk 70, Tel. 6411408, www.meremuuseum.ee, geöffnet: täglich 10 – 18 Uhr, im Winter montags geschlossen, Eintritt: 5 €

Die Estonia-Katastrophe

In der Nacht vom 27. auf den 28. September 1994 sank die Fähre „Estonia" im Sturm vor der finnischen Küste. Mit 852 Toten ist dies das schwerste Schiffsunglück in Europa nach Ende des Zweiten Weltkriegs. Nur 137 Menschen konnten gerettet werden. Nicht zuletzt das Verhalten der schwedischen Regierung bei der Aufklärung des Unglücks hat diversen Theorien Vorschub geleistet, die etwa eine Geheimdienstverschwörung als Ursache der Katastrophe annehmen. Bis heute sind viele Fragen nicht befriedigend geklärt.

㉔ Rossmühle (Hobuveski) ★ [D2]

Wenn man von der Dicken Margarethe kommend der äußersten Straße innerhalb der Stadtmauer, dem Ende der Lai-Straße ㉚, folgt, gelangt man wieder zu einem „dicken" Gebäude – der Rossmühle. Der runde Kalksteinbau wurde am Ende des 14. Jh. erstmals erwähnt. Wenn die Stadt belagert wurde, konnte in der Rossmühle mit der Kraft von acht bis 16 Pferden Mehl gemahlen werden. Nachdem die Mühle nach einem Brand Ende des 18. Jh. wiederaufgebaut wurde, diente sie als Aufbewahrungsort für die Leichenwagen der Olaikirche. Heute kann man in der Rossmühle **Aufführungen des Tallinner Stadttheaters** 29 in einer besonders originellen Spielstätte verfolgen.

25 Olaikirche (Oleviste kirik) ★★★ [D2]

Die mächtige Olaikirche hielt einen besonderen Rekord: Sie war eine Zeit lang das höchste Gebäude der Welt. Auch heute bietet der Turm einen der besten Ausblicke über die Stadt.

Die Olaikirche beeindruckt noch heute durch ihre Größe, fast deplatziert wirkt sie in den engen Altstadtstraßen. Von 1549–1625 war die Kirche mit 159 m das höchste Gebäude der Welt, dann brannte der Turm ab und wurde erst viel später wiedererrichtet, dann nur noch bis zu einer Höhe von knapp 124 m. Auch damit zählt die Kirche noch **zu den 20 höchsten Kirchen der Welt.** Eine Besteigung des Turms lohnt sich bei gutem Wetter, denn man hat von oben eine fantastische Aussicht in alle Richtungen. Der hohe Turm diente nicht nur der Befriedigung der Eitelkeit seiner Erbauer, sondern auch als Orientierung für Seeleute.

Die Höhe bedeutete aber auch Gefahr: Der Turm wurde mehrfach vom Blitz getroffen. Es wird berichtet, dass der brennende Turm bis nach Finnland zu sehen war. Von einem anderen denkwürdigen Ereignis berichtet der Chronist Balthasar Russow (s. Literaturtipp S. 62): Im Jahr 1547 habe eine Gruppe von Akrobaten Tallinn besucht, die auf einem Seil von der Turmspitze zur Stadtmauer schwindelerregende Kunststücke aufführ-

050tn Abb.: ta

ten. Die nach dem heiliggesprochenen norwegischen **König Olav II. Haraldsson** benannte gotische Kirche wurde 1267 das erste Mal erwähnt. Die Grundzüge des heutigen Aussehens stammen aus dem 15. und 16. Jh. Allerdings ist sie 1820 noch einmal niedergebrannt und konnte nur mithilfe des Zaren Nikolaus I. wiederhergestellt werden. Auch wegen der vielen Feuerschäden handelt es sich um eine vergleichsweise schlichte Kirche, arm an Dekoration. Kunstgeschichtlich bedeutsam sind insbesondere die feinen Steinmetzarbeiten der Marienkapelle von 1513.

❯ Lai 50, Tel. 6412241, geöffnet: April–Juni, Sept.–Okt. täglich 10–18 Uhr, Juli–Aug. 10–20 Uhr, Turmbesteigung 2 €

⌂ *Die Olaikirche von der Lai-Straße aus gesehen*

◁ *Die dicke Margarethe ist der mächtigste Turm der Stadtbefestigung*

㉖ Laboratooriumi-Straße (Laboratooriumi tänav) und Stadtmauer ★★★ [C2]

Das schönste zusammenhängende Stück der Stadtmauer ist entlang der Laboratooriumi-Straße sowie ihrer Verlängerungen, der Kooli- und Gümnaasiumi-Straße, erhalten. In dichter Folge sind **neun Türme** aufgereiht, von denen einige besichtigt werden können. Von der Rossmühle ㉔ kommend ist der erste der Grusbeke-tagune-Turm. Wenige Schritte weiter folgt der Epping-Turm, in dem eine interaktive Ausstellung über mittelalterlichen Festungsbau, Waffen und Rüstungen eingerichtet ist.

Gegenüber befindet sich die **ukrainische Kirche** in einem verwinkelten Speicherhaus, bei dem der alte Warenaufzug auffällig aus dem Dach hervorragt. Der dritte Turm in der Reihe ist der zurzeit ungenutzte Plate-Turm. An dieser Stelle kann man die Altstadt über die Suurtüki-Straße verlassen und gelangt auf den Tornide väljak ㉗, von dem aus man einen schönen Blick auf die Mauer von außen hat. Nach der Suurtüki-Straße folgt der Köismäe-Turm, der besonders gut erhalten und eine der **Spielstätten des Tallinner Stadttheaters** ㉙ ist. Der Turm gehört zu den ältesten der Stadtmauer. Er wurde 1360 errichtet, später aber noch erweitert und verstärkt. Die Laboratooriumi-Straße, benannt nach einem Labor, in dem Schwarzpulver für die Kanonen der Stadt hergestellt wurde, geht dann in die Kooli-, also Schulstraße über.

Nach dem kleinen Durchgang in der Mauer folgt der Loewenschede-Turm, der nach dem Ratsherrn Winand Loewenschede benannt ist. Der nächste ist der Nunnadetagune-Turm, dessen Name so viel heißt wie „Hinter den Nonnen". Die Straße wird nun zur Gümnaasiumi, an der sich das 1631 vom schwedischen König Gustav II. Adolf gegründete Gymnasium befindet. Es ist das **älteste noch in Betrieb befindliche Gymnasium** in Estland. Die folgenden drei Türme, Kuldjala-, Sauna- und Nunna-Turm, können zusammen besichtigt werden. Der Eingang liegt am Ende der Mauer hinter dem Tor, im Nunna-Turm.

> **Epping-Turm (Eppingi torn)**, Laboratooriumi 31, Tel. 6013001, www.eppingtower.info, Mai bis Mitte Sept. Do.–Di. 10–18 Uhr, 15. Sept.–April Sa./So. 11–16 Uhr, Eintritt 4 €

> **Nunna-, Sauna- und Kuldjala-Turm (Nunna-, Sauna- ja Kuldjala torn)**, Ecke Suur-Kloostri- und Väike-Kloostri-Straße, geöffnet: Juni–Aug. tägl. 11–19 Uhr, Sept.–Mai wechselnde Öffnungszeiten, Eintritt 1,50 €

㉗ Platz der Türme (Tornide väljak) und Stadtmauer ★★ [C2]

Vom Platz der Türme eröffnet sich der beste Blick auf die Stadtmauer. Tatsächlich handelt es sich nicht so sehr um einen Platz, als vielmehr um einen Abschnitt des Parkstreifens, der sich fast um die gesamte Altstadt zieht, hervorgegangen aus dem Schussfeld vor der Mauer. Im Sommer gibt es entlang der Mauer unter dem Namen **Blumenfestival** (Lillefestival) eine Gartenkunstausstellung mit vielen kreativen Ideen.

Doch der Platz erhält seine Ausstrahlung vor allem durch die **Stadtmauer im Hintergrund**. Ab der zweiten Hälfte des 13. Jh. wurde die Befestigung auf Befehl der dänischen Königin Margarethe errichtet. Die Phase des Ausbaus und der weiteren

Verstärkung der Mauer zog sich über 300 Jahre hin, bevor der Fokus wegen der wachsenden Feuerkraft der Waffen sich auf die Anlage von Erdbastionen verlegte. Tallinn gehörte im Mittelalter zu den am besten befestigten Städten des Ostseeraums. Die gesamte Mauer war 2,35 km lang, 13 bis 16 m hoch, 2 bis 3 m dick und besaß über 40 Türme. Davon sind heute 1,85 km der Mauer und 26 Türme erhalten – für eine Stadt von Tallinns Größe erstaunlich viel, wurden doch die Anlagen in den meisten vergleichbaren Städten geschleift, um Flaniermeilen oder Verkehrswegen Platz zu machen. Auch in Tallinn hatte man Mitte des 19. Jh. begonnen, die alten Mauern abzutragen, doch der Denkmalschutzgedanke setzte sich rechtzeitig durch, um wesentliche Teile der Nachwelt und der estnischen Tourismuswirtschaft zu erhalten.

092tn Abb.: ta

🎗 Bahnhof (Balti jaam) ★ [B3]

Balti jaam, Baltischer Bahnhof, heißt der Hauptbahnhof von Tallinn. Bereits seit den 1870er-Jahren konnte man mit der Eisenbahn von Tallinn nach St. Petersburg fahren. Die Strecke führte weiter zum Hafen Paldiski (Baltischport) etwas westlich von Tallinn. Der Anschluss bedeutete einen wichtigen wirtschaftlichen Impuls für die beginnende Industrialisierung, denn Tallinn hatte zu jener Zeit seine besten Jahre längst hinter sich. Das ursprüngliche Bahnhofsgebäude wurde im Zweiten Weltkrieg zerstört

⌕ *Malerischer Blick auf die Stadtbefestigung vom Platz der Türme*

und in den 1960er-Jahren durch einen sowjetischen Zweckbau ersetzt. Seit der **Renovierung im Jahr 2005** ist der Bahnhof zwar immer noch keine Schönheit, wirkt aber nicht mehr heruntergekommen.

Trotzdem haftet für viele Tallinner der Bahnhofsgegend immer noch der Muff der Sowjetzeit an. Das liegt wohl am Bereich rechts vom Bahnhofsgebäude mit Kiosken und Imbissbuden sowie dem skurrilen **Jaama turg (Bahnhofsmarkt)** etwas hinter dem Hauptgebäude und den Gleisen. Vieles wirkt hier provisorisch und im Kontrast zu einer hypermodernen Mall wie dem Viru keskus 🗗 wie aus einer anderen Welt. Gefährlich ist die Gegend eher nicht und ein Bummel ist jedem zu empfehlen, der auch diese Seite von Tallinn kennenlernen möchte. Wer sich traut, findet in den

Imbissbuden spottbillige Snacks. Vielleicht spiegelt der Bahnhof damit die Bedeutung der Eisenbahn im modernen Estland wider, denn die ist denkbar gering. Die einzige nennenswerte internationale Verbindung ist ein Nachtzug, der in 15 Std. nach Moskau fährt. Immerhin: Im innerestnischen Bahnverkehr wurde vieles modernisiert, zudem ist eine Verbindung nach Warschau geplant.

㉙ Tallinner Stadttheater (Tallinna linnateater) ★★ [C3]

Von einem Haus wie dem des Tallinner Stadttheaters können viele Theater nur träumen. Der Haupteingang liegt in einem gotischen Bürgerhaus, das durch seine drei übereinanderliegenden Warenluken und die hochaufragende Fassade besonders eindrucksvoll erscheint. Auf den Beischlagsteinen verraten die in den Stein gehauenen Theatermasken die Funktion des Gebäudes – diese sind allerdings keineswegs historisch. Das Theater wurde erst in den 1960er-Jahren gegründet und bezog die Räume in der Lai-Straße sogar erst in den 1990er-Jahren nach der Wiederherstellung der Unabhängigkeit. Nach und nach wurden auch Räume in den angrenzenden Gebäuden einbezogen, sodass das Theater heute über **sieben Spielbühnen** ganz unterschiedlichen Charakters verfügt. Allen gemein ist jedoch die besondere Ausstrahlung der alten Gemäuer.

Eine herausragende Stellung nimmt die Freiluftbühne ein, die durch den Durchgang links des Haupteingangs erreichbar ist und die von der Rückseite, an der Aida-Straße, die links des Theaters von der Lai-Straße ㉚ abzweigt, einsehbar ist. Ein seltenes Glück hat das

105tn Abb.: ta

Theater mit dieser atmosphärisch einzigartigen Bühne in der ansonsten engen Altstadt. Die Aida-Straße ist übrigens nicht nach einer besonders gelungenen Aufführung der Verdi-Oper benannt, sondern nach dem estnischen Wort für „Speicher". In geraden Jahren zwischen Weihnachten und Neujahr richtet das Tallinner Stadttheater das **Theaterfestival Winternachtstraum** aus, bei dem hochkarätige Produktionen unterschiedlicher Stilrichtungen aus aller Welt zu sehen sind. Unter anderem war Frank Castorf hier zu Gast.
> Lai 23, Tel. 6650800 (Kasse),
  www.linnateater.ee

🔼 *Das Stadttheater verfügt über traumhafte Räumlichkeiten*

30 Lai-Straße (Lai tänav) ★★ [C3]

Die Lai-Straße bildet zusammen mit der Pikk 17 und Vene 6 eine der drei großen Achsen, die annähernd in Nord-Süd-Richtung die Altstadt durchziehen. Ihren Namen („Breite Straße") hat sie nicht zufällig; sie ist tatsächlich merklich breiter als die anderen Altstadtstraßen. Cafés und Geschäfte finden sich vergleichsweise wenige, dafür Museen, Theater und Büros. Im Folgenden die markantesten Punkte, wenn man vom Großen Strandtor 23 im Norden kommt: Zunächst passiert man die Rossmühle 24, dann die Olaikirche 25. Bei Nr. 38/40 auf der linken Seite findet man eine **Gruppe dreier Kaufmannshäuser** aus dem 15. Jh., die den Namen „Drei Brüder" trägt. Sie fügt sich eher unauffällig in die Straßenzeile ein und ist daher weit weniger bekannt als die „Drei Schwestern" 22 in der Pikk-Straße. Man sollte sie nicht mit den „Drei Brüdern" in Riga verwechseln. Sehenswert sind die Talliner Brüder aber dennoch, zumal viel vom Originalzustand erhalten geblieben ist.

Auf der anderen Straßenseite ist das Hueck'sche Haus (Huecki maja) bei Nr. 29 erwähnenswert. Es fällt durch seine kunstvolle rote Eingangstür auf. Bis 1939 war es im Besitz der Familie Hueck, die Bürgermeister und Ratsherren stellte. Der russische Zar Peter der Große soll 1711 hier zu Besuch gewesen sein und sogar die Linden vor der Tür höchstpersönlich gepflanzt haben. Im Gebäude ansässig sind heute eine Restaurationsfirma und die Vertretung des Nordischen Ministerrats in Estland. Neben dem Haus liegt der Eingang des **Estnischen Naturmuseums** (Eesti Loodus-muuseum) (s. S. 37), das einen Überblick über Flora und Fauna vor allem des baltischen Raumes bietet.

Im Folgenden passiert man das Stadttheater 29 und zwei weitere Museen. Bei Nr. 17 befindet sich das sog. Menschikow-Haus, benannt nach einem seiner früheren Besitzer, der gleichzeitig als Generalgouverneur vom Zar eingesetzt war. In einem Hinterhof liegt der Eingang zum **Estnischen Museum für angewandte Kunst und Design** (Tarbekunstimuuseum) (s. S. 36) mit einer Ausstellung von Designobjekten und Kunsthandwerk aus den verschiedensten Materialien vom Beginn des 20. Jh. bis heute. Gegenüber bei Nr. 28/30 bietet das **Museum für Gesundheitswesen** (Tervishoiumuuseum) (s. S. 36) einen Überblick über das Gesundheitswesen und die Geschichte der Medizin.

Bei Nr. 9 befindet sich ein repräsentativer Bau im Neorenaissancestil von 1899. Als Vorbild diente der Palazzo Strozzi in Florenz. Schließlich ist das **Estnische Puppentheater** (s. S. 38) einen Blick wert. Es befindet sich in einem Adelsklub im Jugendstil, erbaut Anfang des 20. Jh. Das Theater hat einen hervorragenden Ruf für liebevoll gemachte Aufführungen für Kinder und Jugendliche. Wer mit kleinen Kindern hier ist, kann nachfragen, ob gerade Stücke gespielt werden, die auch ohne Estnischkenntnisse zu verstehen sind.

Gegenüber der Einmündung der Lai- in die Nunne-Straße gibt es einen kleinen Park am Fuße des Dombergs. Er heißt **Rehgarten** (Kitseaed) und wird von einer Skulptur eines Rehs des bekannten Bildhauers Jaan Koort verziert. Der Grund dafür ist eine Legende. Der dänische König soll das Reh bei der Jagd verfolgt haben, bis es von der Klippe stürzte. Eine gewagte volksetymologische Deutung führt den Namen Reval daher auf „Reh-Fall" zurück. Sollte das Reh gerade nicht da sein, könnte es sein, dass es wieder einmal gestohlen wurde und ein neues angefertigt werden muss.

Domberg (Toompea)

Der Domberg war die Keimzelle Tallinns. Die natürliche, steile Erhebung in der ansonsten flachen estnischen Landschaft war als Bauplatz für eine Burg wie geschaffen. Bereits die alten Esten hatten dies erkannt und hier eine Befestigungsanlage errichtet. Alle späteren Eroberer und Herrscher behielten diesen gut zu verteidigenden Platz als Verwaltungszentrum für ganz Estland bei. Dies hat sich auch in der neuen estnischen Republik nicht geändert. Auf dem Domberg tagt das estnische Parlament und die Regierung führt von hier ihre Geschäfte. Viele andere **staatliche Institutionen sowie einige Botschaften** befinden sich ebenfalls hier.

Nicht zufällig gesellen sich zu diesen politischen Einrichtungen die Vertreter der Kirche. Die Domkirche 36 und die Alexander-Newski-Kathedrale 32 sind je auf ihre Weise beeindruckende und mit hoher Symbolkraft ausgestattete **Kirchenbauten.** Der Domberg war aber mehr als das Regierungsviertel Tallinns. In Rechtsprechung und Verwaltung war er eine eigenständige Stadt. Hier galt nicht wie in der Unterstadt das Lübecker Stadtrecht. Der Domberg konnte durch die Tore am Kurzen 41 und Langen Domberg 31 komplett abgeriegelt werden.

Auch eine eigene Schule gab es hier. Im Winter kamen die Gutsherren, die während des Sommers ihre Landgüter verwalteten, in die Stadt, um hier ihren Geschäften nachzugehen und das gesellschaftliche Leben zu pflegen. Die reichsten und mächtigsten unter ihnen residierten dann in großen Palais, wie sie z. B. noch in der Kohtu-Straße 37 zu sehen sind. Zur heutigen Anziehungskraft des Dombergs tragen schließlich mindestens **vier Aussichtsplätze** bei, von denen aus man Tallinn nach Osten, Norden und Westen überblicken kann.

31 Langer Domberg (Pikk jalg) ★ [C3]

Der Lange Domberg war früher eine von nur zwei Verbindungen **zwischen der Ober- und der Unterstadt,** die zwei getrennte Städte mit jeweils eigenem Recht waren. Die Fußgänger konnten auch über den Kurzen Domberg 41 hin und her gelangen, Fuhrwerke nahmen den Langen Domberg. Wegen der Enge war hier bereits im 18. Jh. eine strikte Verkehrsregelung notwendig: Jeweils oben und unten an der Straße war eine Wache postiert, die ein Zeichen gab, wenn ein Fuhrwerk in der entsprechenden Richtung passieren wollte. Beide Verbindungswege konnten mit Toren verschlossen werden, sodass der gesamte Domberg wie eine Burg abgeriegelt war.

Tallinn hinkt
Der Volksmund sagt, dass Tallinn hinkt: Die beiden wichtigsten Verbindungswege zwischen Ober- und Unterstadt heißen auf Estnisch Pikk jalg und Lühike jalg, direkt übersetzt Langes Bein und Kurzes Bein – folglich hat Tallinn zwei unterschiedlich lange Beine und hinkt!

Das alte Torhaus passiert man am unteren Ende der Straße. Da Ober- und Unterstadt bis 1878 zwei getrennte Städte waren, die einander immer ein wenig misstrauisch gegenüber standen, wurde hier jeden Abend abgeschlossen und keineswegs nur bei einer Bedrohung von außen. Heute ist der Lange Domberg eine Art Freiluftgalerie, in der Künstler ihre Werke anbieten, flankiert von den unvermeidlichen Postkartenverkäufern. Die Lage scheint aufgrund der vorbeiströmenden Touristenmengen günstig. Die spezielle Atmosphäre der kanalartigen Straße erschließt sich nur noch, wenn man frühmorgens mit wenigen Gleichgesinnten hier entlangspaziert. Das **Adelspalais**, das hoch über der Straße thront, ist das Gebäude bei Kohtu 8 **37**.

054tn Abb.: ta

32 Alexander-Newski-Kathedrale (Aleksander Nevski katedraal) ★★★ [B4]

Die weithin sichtbare Kathedrale mit ihren rötlich-weiß leuchtenden Wänden ist heute ein beliebtes Motiv in Prospekten oder Zeitschriftenartikeln über Tallinn. Dabei ist sie aber ein ungeliebtes Symbol der Stadt geblieben – wenn sie auch heute nicht mehr gesprengt werden soll. Durch ihre prächtige Ausführung, Größe und erhabene Position dominiert die Alexander-Newski-Kathedrale den Domberg, und genau das lag in der Absicht der Erbauer.

Die Kirche wurde erst im Jahr 1900 nach sechsjähriger Bautätigkeit fertiggestellt – zu einer Zeit als das russische Kaiserreich verstärkte Anstrengungen unternahm, die unbotmäßigen Ostseeprovinzen endlich in das russische Reich einzubinden. Diesen Versuch kann man als gescheitert betrachten, doch hat er der Nachwelt eine schöne Kirche beschert. Dass sie noch steht, ist nur den wechselnden Geschicken der estnischen Geschichte zu verdanken. 1924, einige Jahre nach Ausrufung der Estnischen Republik, wurde nämlich der Beschluss gefasst, die Kirche als Symbol der Russifizierung gleich wieder abzureißen. Andernorts, z.B. in Warschau, war genau dies in ähnlicher Lage geschehen. In Tallinn aber fehlten zu der Zeit die Mittel und der Plan wurde bis zur Besetzung Estlands nicht umgesetzt. Während der Sowjetzeit war zwar der Abrissplan vom Tisch, aber die Kirche wurde dem Verfall preisgegeben. Nach der Wiedererlangung der Selbstständigkeit 1991 wurde das Gebäude aufwendig restauriert und ist heute **Heimat der russisch-orthodoxen Gemeinde** in Tallinn.

Wer das Innere der Kirche anschaut, kann sich daher einen lebendigen Eindruck von orthodoxer religiöser Praxis verschaffen und wird gleichzeitig mit einer prachtvollen Innenausstattung belohnt. Architektonisch ist die Kirche dem sog.

⌂ *Freiluftgalerie am Langen Domberg*

neobyzantinischen Stil zuzurechnen. Der heiliggesprochene Nowgoroder Fürst Alexander Newski, nach dem auch andernorts Kirchen benannt sind, dürfte gerade in Tallinn nicht zufällig als Patron gewählt worden sein. Sein Sieg über den Deutschen Orden auf dem Eis des Peipussees 1242 stoppte die deutsche Ostexpansion und veränderte die Kräfteverhältnisse in der Region nachhaltig. So nachhaltig, dass knapp acht Jahrhunderte später die Außengrenze der EU nur unweit des Schlachtfeldes verläuft. Sergej Eisenstein hat der Schlacht 1938 mit seinem Werk „Alexander Newski" ein beeindruckendes filmisches Denkmal gesetzt.

❯ Lossi plats 10, geöffnet: tägl. 8–19 Uhr, schließt im Winter etwas früher

㉝ Schloss und Parlamentsgebäude (Loss ja parlamendihoone) ★★ [B4]

Das heutige Schloss geht zurück auf die älteste Festung der Esten auf dem Domberg und hat im Lauf der Geschichte unzählige Umbauten und Erweiterungen gesehen. Die ursprüngliche Holzfestung wurde von den dänischen Eroberern zu einer steinernen Burg ausgebaut. Der Deutsche Orden wandelte diese ab Mitte des 14. Jh. in eine Ordensburg um und befestigte sie weiter. Aus dieser Zeit stammen noch der Lange Hermann ㉞ und die Westwand am Hang des Dombergs (die „Rückseite").

Katharina die Große ließ den Komplex bis 1773 weiter ausbauen. Zu ihrer Zeit lag der Schwerpunkt schon nicht mehr auf der Verteidigungsfunktion. So entstand mit dem Ostflügel im spätbarocken Stil eine repräsentative Frontseite (der rosafarbene Teil gegenüber der Newski-Kathedra-

le). Zu dieser Zeit residierte hier der Gouverneur, der von der Zarin als Verwalter der – immer auf Eigenständigkeit bedachten – Ostseeprovinz eingesetzt war. Zur Zeit der Estnischen Republik folgten die letzten beiden großen Ergänzungen. Anstelle des ehemaligen Konventsgebäudes im Innenhof wurde 1922 ein Neubau errichtet, in dem fortan das estnische Parlament tagte. Dieser Teil ist von außen nicht sichtbar, aber auf Luftbildern und Skizzen ist der annähernd quadratische Grundriss des Ordensgebäudes noch gut zu erkennen.

1935 schließlich wurde der Südflügel ergänzt, also der Teil, der links vom Haupteingang am Gouverneursgarten ㉞ zu sehen ist. Er lehnt sich stilistisch bewusst an den Ostflügel, also die Eingangsseite, von 1773 an. Die Größe und Komplexität der gesamten Anlage erschließt sich dem Betrachter von außen kaum. Eine Besichtigung der inneren Bereiche ist nicht möglich, da alle Gebäude vom estnischen Parlament genutzt werden. Der Platz vor dem Schloss, heute Parkplatz, war 1991 Schauplatz dramatischer Szenen. Die Menschen versammelten sich hier, um mit ihrer Präsenz und Straßensperren die befürchtete Besetzung des Parlaments durch sowjetische Truppen zu verhindern. In Litauen und Lettland wurden bei ähnlichen Aktionen zahlreiche Menschen getötet, in Estland verlief die Blockade, wie der gesamte Übergang zur Selbstständigkeit, ohne Todesopfer.

▷ *Tagsüber weht die estnische Flagge auf dem Langen Hermann*

34 Langer Hermann, Gouverneursgarten (Pikk Hermann, Kuberneri aed) ★ [B4]

055tn Abb.: hr

Der kleine Parkbereich links des Schlosses heißt Kuberneri aed oder Gouverneursgarten. Die Anlage entstand 1820 und ist weitestgehend in der ursprünglichen Form erhalten geblieben, nur die Bäume sind heute größer. Am Ende ragt der Lange Hermann über 45 m in den Himmel. Als Teil der Burg auf dem Domberg wurde er Ende des 14. Jh. errichtet. Der Name Hermann wurde hier wie bei anderen Festungsanlagen einem **besonders mächtigen** Turm gegeben.

Auch in der jüngeren Geschichte spielte der Lange Hermann eine Rolle. Die **estnische Flagge**, die traditionell auf dem Turm wehte, war hier bereits 1989 wieder zu sehen, also zwei Jahre bevor Estland tatsächlich seine Loslösung von der Sowjetunion erreichte. Jeden Morgen bei Sonnenaufgang wird sie zur estnischen Nationalhymne „Mein Vaterland, mein Glück und meine Freude" gehisst, am Abend bei Sonnenuntergang wieder eingeholt. Bei den kurzen Nächten im Sommer sind die Zeiten morgens 7 Uhr und abends 22 Uhr. Der Lange Hermann zählt zu den bekanntesten Symbolen der Stadt.

35 Garten des dänischen Königs (Taani Kuninga aed) ★★ [C4]

Geht man um die Alexander-Newski-Kathedrale 32 herum, sieht man dahinter einen Durchgang in dem Stück der Stadtmauer, das sich hier entlangzieht. Dieses ist der Eingang zum Garten des dänischen Königs. Auf dem Weg dorthin kann man sich im **Bogenschießen** versuchen. Für einen Obolus bekommt man einige Pfeile und einen Umhang geliehen und erhält eine kompetente Einweisung. Der Garten selbst, eigentlich ein durch die Stadtmauer abgetrennter **kleiner Park**, ist eine wahre Oase. Unter alten Kastanien, Ahornbäumen und Linden gibt es kühlen Schatten, ein Café und im Sommer einen kleinen Biergarten. Der vordere Turm heißt **Tallitorn** („Stallturm"), der hintere ist der **Neitsitorn** („Jungfrauenturm"). Wie man an der großen Glasfront erkennen kann, ist er im Gegensatz zu anderen Teilen der Stadtbefestigung stark umgebaut worden. Hier befinden sich ein Teil des Stadtmuseums mit einer Ausstellung über mittelalterliche Esskultur und Militärwesen und ein weiteres Café. Schöne Plätze gibt es oben im Wehrgang. Man kann aber auch einfach draußen auf den Stufen sitzen und den Ausblick auf die Stadt genießen.

Schließlich möchte man wissen, woher der Garten des dänischen Königs seinen Namen hat. Die Ge-

schichte geht so: Im Jahr 1219 versuchten die Dänen die estnische Burg auf dem Domberg zu erobern. Nach anfänglichen Erfolgen drohte eine List der Esten das Schlachtenglück zu wenden. Waldemar II. betete zum Himmel für einen Sieg der christlichen Eroberer. Tatsächlich fiel als Zeichen eine rote Fahne mit weißem Kreuz vom Himmel, und zwar dort, wo sich heute der Garten befindet. Dadurch angespornt errangen die Dänen den Sieg und errichteten ihre Herrschaft über Tallinn und Nordestland. Die Fahne ist bis heute diejenige Dänemarks und Tallinns. Auch im Garten des dänischen Königs ist sie, auf Schilder gemalt, zu sehen.

Über die Treppen, die gegenüber der Mauer nach unten führen, gelangt man auf die Rüütli-Straße. Will man umgekehrt nach oben gehen, muss man durch den Tordurchgang bei Haus Nummer 8 gehen.

🖂 *Postkartenidylle: Blick vom Domberg auf die Unterstadt*

㊱ Domkirche (Toomkirik) ★★★ [B3]

Gegen die auf dem Domberg thronende Alexander-Newski-Kathedrale ㉜ nimmt sich die Domkirche auf den ersten Blick bescheiden aus. Vergleichsweise klein und schlicht, birgt sie jedoch bedeutende Schätze und ist in der Tallinner Stadtgeschichte wohl die wichtigste Kirche überhaupt.

Es lohnt sich, etwas tiefer in die Geschichte der Domkirche einzutauchen: Die Anfänge der Kirche liegen im frühen 13. Jh., als hier nach der Eroberung der estnischen Befestigungsanlage durch die Dänen eine Holzkirche erbaut wurde. Damit war sie die **erste christliche Kirche auf estnischem Boden**. Diese wurde recht bald durch einen Steinbau ersetzt. Im frühen 14. Jh. erhielt die Kirche dann ihren heutigen Grundriss einer dreischiffigen gotischen Basilika. Der barocke Turm wurde erst 1779 hinzugefügt. Das Innere der Kirche ist ebenfalls jünger, da es nach einem Brand 1684 im barocken Stil neu gestaltet wurde. Aus dieser Zeit stammen die Kanzel und der Altar, wobei das Altarbild jüngeren Datums ist. Beide sind das Werk des berühmtesten Tallinner Holzschnitzers im 17. Jh., Christian Ackermann. Er ist auch der Schöpfer der meisten der 107 Wappenepitaphe, die an den Wänden aufgehängt sind und mit denen sich viele deutschbaltische Familien hier verewigt haben.

Ebenfalls bedeutsam sind die Grabmäler in der Kirche. Unter den hier Beerdigten findet sich **Pontus de la Gardie**, ein aus Südfrankreich stammender schwedischer Heerführer, der im Livländischen Krieg die Stadt Narva von den Russen zurückeroberte. Ein Mann mit internationalen Verbindungen also. Die Grabplatte auf der Südseite der Kanzel zeigt neben ihm seine Frau, die eine Tochter des schwedischen Königs war, ebenfalls in andächtiger Haltung. Der Künstler, Arent Passer, ist derselbe, der auch das Portal des Schwarzhäupterhauses **㉑** gestaltet hat. **Adam Johann von Krusenstern** (s. Exkurs S. 79) hat nach langen Reisen ebenfalls hier seine letzte Ruhe gefunden. Erwähnt sei noch die erstklassige Orgel, die 1878 vom deutschen Orgelbauer Friedrich Ladegast gebaut wurde und deren Klang man immer samstags um 12 Uhr hören kann. Links der Kirche liegt der Bischofsgarten (Piiskopi aed), von dem aus man einen schönen Ausblick über die nördlichen Stadtbezirke hat.

❯ Toom-Kooli 6, Tel. 6444140, geöffnet: Juni–Aug. tägl. 9–18, Mai/ Sept. tägl. 9–17, Okt./April Do.–So. 9–16, Nov.–März Do.–So. 9–15 Uhr, Eintritt 1,50 €, Turmbesteigung 5 €

㊲ Kohtu-Straße (Kohtu tänav) ★★ [C3]

Eine der interessantesten Straßen des Dombergs ist die Kohtu, die sich vom Kiriku plats bei der Domkirche **㊱** bis zu einer Aussichtsplattform im Nordosten zieht. Hier befinden sich einige sehenswerte Adels-

Adam Johann von Krusenstern

*Im Jahr 1803 startete in Kronstadt bei St. Petersburg eine Expedition mit dem Ziel die Welt zu umsegeln. Ihr Leiter war der 32-jährige Adam Johann Baron von Krusenstern, ein deutschbaltischer Adeliger in Diensten der russischen Marine. Tatsächlich lief die Fregatte Nadeschda nach ziemlich genau drei Jahren wohlbehalten wieder im Hafen ein. Damit war die **erste Weltumsegelung unter russischer Flagge** geglückt. Auch in wissenschaftlicher Hinsicht war die Reise ein voller Erfolg: Unter anderem wurden dabei Küstengebiete des russischen Fernen Ostens, Japans und Alaskas erforscht. Krusenstern starb, mittlerweile hoch dekoriert, im Jahr 1846 auf seinem Schloss in Nordestland. Er ist in der Tallinner Domkirche **㊱** begraben. Übrigens befand sich noch ein weiterer prominenter Tallinner unter den Expeditionsteilnehmern: Otto von Kotzebue (1788-1846) verdiente sich auf der Reise seine ersten Sporen und brachte es im Lauf seiner weiteren Karriere auf immerhin drei Weltumsegelungen. Von beiden Entdeckern liegen spannende Reiseberichte auf Deutsch vor.*

053tn Abb.: ta

palais, in denen die Gutsherren im Winter wohnten, wenn die Arbeit auf ihren Landgütern erledigt war. Ganz am Anfang, noch am Kiriku plats, liegt das stattliche **Haus der Ritterschaft** (Rüütelkonna hoone) mit seiner grünen Neorenaissancefassade. Hier versammelten sich die meist deutschen Adeligen, um im Rahmen der Selbstverwaltung innerhalb des russischen Kaiserreichs über die Geschicke des Landes zu bestimmen. Zurzeit befindet sich hier ein Teil der Estnischen Akademie der Künste.

Das Gebäude mit der Nr. 2 ist ein Adelspalais, das verschiedenen bekannten Familien gehörte, darunter den Thiesenhausens und Wrangells. Heute befinden sich hier exklusive Wohnungen. Die Familie von Uexküll bewohnte das Haus nebenan mit der Nr. 4. Heute ist hier, wie schon vor der Sowjetzeit, der **Sitz der finnischen Botschaft.** Auch der erste Präsident Estlands, Konstantin Päts, wohnte hier. Ein weiterer bekannter Name ist mit dem Anwesen bei Nr. 6 verbunden, die Familie von Ungern-Sternberg. Während Otto Reinhold Ludwig von Ungern-Sternberg auf der estnischen Insel Hiiumaa eine un-

rühmliche Karriere als Strandräuber machte, die ihn nach Sibirien brachte und Robert von Ungern-Sternberg 1921 ein halbes Jahr lang als „Blutiger Baron" die Mongolei regierte, was zu seiner Hinrichtung führte, wurde Familiensproß Ewald als Vertreter Hiiumaas in den Landtag gewählt. Er beauftragte den Berliner Architekten Martin Gropius mit dem Bau einer Stadtresidenz. Der historisierende Bau aus den 1860er-Jahren hebt sich durch die Verwendung der gelben Ziegel deutlich von der Umgebung ab. Im Innenhof erinnert eine Gedenktafel an die kulturelle Selbstverwaltung, die die junge Estnische Republik den zu einer Minderheit gewordenen Deutschen bereits 1925 gewährte.

Das herausragendste Gebäude der Straße hat die Nr. 8. Es handelt sich um ein großes **Adelspalais**, das Reinhold August von Kaulbars hier errichten ließ. Der verantwortliche Architekt war Carl Ludwig Engel, der mit Karl Friedrich Schinkel zusammen in Berlin studiert hatte und die preußische Ausprägung des Klassizismus mit nach Tallinn brachte. Die rückwärtige Fassade des Adelspalais, die besonders vom Langen Domberg ㉛ aus gut zu sehen ist, gehört zu den schönsten Tallinns. Das Hauptgebäude wurde 1814 fertiggestellt. Später wechselte es häufiger den Besitzer, sodass sich in der Liste der Eigentümer wiederum einige der bekanntesten deutschbaltischen Familien wie von Stenbock und von Uexküll wiederfinden. Heute amtiert hier der „Rechtskanzler", der als Ombudsmann darüber wacht, dass die estnischen Bürger ihre Rechte wahren können und Gesetze auf ihre Verfassungsmäßigkeit hin überprüft. Folgt man der Straße weiter, öffnet sich

KLEINE PAUSE

Auf dem Domberg

Viele Einkehrmöglichkeiten gibt es nicht auf dem Domberg. Aber nicht nur wegen des Mangels an Alternativen sollte man im **Olematu Rüütel** (s. S. 31) einkehren. Das Café ist liebevoll gestaltet, der Service freundlich und persönlich. Im Keller befindet sich noch ein kleines, aber feines Restaurant. Der Name bedeutet „Der Ritter, den es nicht gibt".

an der nächsten Ecke der Blick nach rechts auf die Unterstadt. Dieser auf Estnisch Kohtuotsa vaateplats genannte Aussichtspunkt ist eines der beliebtesten Ziele auf dem Domberg und hat daher allerlei touristischen Trubel angezogen. Es gibt aber noch andere, ruhigere Aussichtspunkte (siehe ❸❽ und ❹⓿).

❸❽ Patkul-Aussichtspunkt (Patkuli vaateplats) ★★ [C3]

Zum Patkul-Aussichtspunkt gelangt man, indem man vom Aussichtspunkt an der Kohtu-Straße ❸❼ weitergeht zur Toom-Rüütli, die bald zur Rahukohtu wird. Beim gelben Torbogen verweist die Aufschrift „Patkuli vaateplats" auf den Durchgang zum nächsten Aussichtspunkt. Nach rechts schaut man auf die Dächer der Altstadt, dahinter ist der Hafen zu erkennen. Geradeaus sieht man die Stadtmauer, am hinteren Ende der Altstadt überragt die **Olaikirche** alles. Links unten liegt der Bahnhof, direkt links auf dem Domberg ist die Fassade des Stenbockhauses ❸❾ zu sehen.

Vom Aussichtspunkt führt eine Treppe hinunter in den Dompark mit den Resten des ehemaligen Wallgrabens und zur Nunne-Straße, über die

man zurück in die Unterstadt gehen kann. Erst seit dem Bau der Treppe im Jahr 1903 ist es überhaupt möglich, den Domberg auf dieser Seite zu verlassen. Benannt sind Treppe und Aussichtspunkt nach Johann Patkul, einem Adeligen, der gegen die schwedische Herrschaft opponiert hatte und dafür 1706 hingerichtet wurde. 200 Jahre später ehrten die dann russischen Herrscher den Feind ihres Feindes im Nordischen Krieg mit der Benennung der Treppe.

❸❾ Stenbockhaus (Stenbocki maja) ★ [B3]

Kehrt man vom Patkul-Aussichtspunkt ❸❽ zurück auf die Rahukohtu Straße, findet man bald rechter Hand das sog. Stenbockhaus bei der Hausnummer 3. Dies ist der **Sitz der estnischen Regierung**. Ursprünglich war das Gebäude als Gericht gedacht, doch da der Staat kein Geld hatte, das Bauprojekt zu Ende zu führen, ließ der aus einem schwedischen Adelsgeschlecht stammende Gutsherr Jakob Pontus Stenbock das Haus bis 1792 fertigstellen und nutzte es als Stadtresidenz. Die repräsentative Fassade zeigt zur Steilwand des Dombergs und ist z. B. von der Nunne-Straße aus gut zu sehen. Markant sind der streng klassizistische Stil und der von sechs Säulen getragene Balkon. Auch von der Patkul-Plattform ❸❽ ist die Rückseite einzusehen.

Im Lauf der Zeit wurde das Gebäude für die verschiedensten Zwecke genutzt, u. a. als Pension der nahe

◁ *Blick von der Nunne-Straße: das Stenbock-Haus thront hoch über der Unterstadt*

057 tn Abb.: hr

gelegenen Domschule. Etwa 100 Jahre nach der Erbauung zog tatsächlich ein Gericht ein, so wie es ursprünglich vorgesehen war. Zum Ende der Sowjetzeit waren hier Tallinner Bezirksgerichte untergebracht, doch das Gebäude war bereits so verfallen und einsturzgefährdet, dass diese es noch vor der Wende räumen mussten. Während der 1990er-Jahre fand eine umfassende Sanierung statt, sodass im Jahr 2000 die estnische Regierung ihre erste Sitzung hier abhalten konnte. Eine Tafel an der Rahukohtu-Seite erinnert an die Regierungsmitglieder, die durch den kommunistischen Terror umgekommen sind. Wer Lust hat, einige **versteckte Hinterhöfe** zu erkunden, kann nun, statt direkt zur Domkirche ❸❻ weiterzugehen, an der nächsten Ecke nach rechts in den Kiriku põik einbiegen. Von dem Hinterhof hinter dem Restaurant Olematu Rüütel geht man durch die Tür in der Mauer und folgt den Gässchen, bis man an der Rückseite des Doms wieder herauskommt.

❹❶ Pilsticker-Treppe und -Turm (Pilstickeri trepp ja torn) ★ [B4]

Gut versteckt liegt der Pilstickerturm, von dessen Fuß sich ein weiterer Blick vom Domberg eröffnet. Hier befindet sich auch der am wenigsten frequentierte Zugang zum Domberg, die Pilsticker-Treppe. Vom Dom kommend, biegt man hinter dem ersten Haus in der Toom-Kooli wieder rechts ab. In der stillen Seitengasse liegen die **kanadische Botschaft** und ein Restaurant. Hier ist die einzige Stelle, von der aus man die Nordwand des Schlosses gut einsehen kann. Der Turm am linken Ende der Mauer heißt **Landskrone** und stammt aus der Zeit des berühmten Ordensmeisters Wolter von Plettenberg (1450–1535). Der Halbturm an der Hangseite ist der Pilstickerturm, dessen Name so viel bedeutet wie „jemand der Pfeile anspitzt". Die Treppe lässt sich zu einem kleinen Rundgang am Fuß des Dombergs nutzen. Dazu folgt man dem Fußpfad unten nach rechts, immer entlang der steilen Bergwand. Nach einer Weile gelangt man so zur Patkul-Treppe, über die man wieder zurück auf den Domberg steigt.

❹❷ Kurzer Domberg (Lühike jalg) ★★★ [C4]

Der Kurze Domberg zählt zu den romantischsten Gassen der Altstadt und darf eigentlich bei keinem Rundgang fehlen.

⌂ *Verwinkelte Gassen zwischen Kurzem Domberg und dem Garten des dänischen Königs* ❸❺

Während Fuhrwerke auf dem Weg zum Domberg den Langen Domberg ③ benutzen mussten, konnten Fußgänger auch den steilen, kurzen Weg wählen. Die Treppenstufen wurden erst im 19. Jh. eingebaut. Heute gibt es natürlich praktischere Wege, um von der Ober- in die Unterstadt zu gelangen, aber kaum charmantere. Im Turm am oberen Ende der Gasse hat das bekannte **Ensemble für alte Musik Hortus Musicus** seinen Sitz. Hier gibt es zwei Zugänge zur Gasse: zum einen vom Langen Domberg, zum anderen eine Verbindung vom Taani Kuninga aed ③. Auf dem Weg nach unten findet man ein Geschäft der bekannten Tallinner Porzellanmalerin Helina Tilk (Nr. 5, s. S. 18), unten an der Ecke ist das Museum mit den Werken des estnischen Künstlers und Designers Adamson-Eric (Nr. 3). Gegenüber liegt das nette Café Matilda (s. S. 30) mit einer Auswahl an exotischen Kuchenkreationen. Unten, am Ausgang zur Nikolaikirche ④, runden das empfehlenswerte Kunsthandwerksgeschäft Hindricus (s. S. 18) und die Galerie Kaks (s. S. 18) das Bild ab.

Südliche Altstadt

⑫ Harjumägi ★ [C4]

Verlässt man den Domberg beim Schloss auf der Zufahrtsstraße nach Süden, gelangt man zu einem **Bereich mit mehreren getrennten Parkanlagen**. Rechts liegt auf der ehemaligen Schwedischen Bastion der Lindamäe-Park. Darunter, getrennt durch die hohen Festungsmauern, schließt sich der Hirve-Park an, der durch oppositionelle Versammlungen im Jahr 1987 zu Bekanntheit ge-

langt ist. Links der Toompea-Straße befindet sich der Harjumäe-Park. Wie beim benachbarten Lindamägi bot hier eine historische Bastion mit altem Baumbestand einen günstigen Platz für die Anlage eines stadtnahen Parks. Diese Bastion ist nach dem Ingermanland benannt, dem Gebiet östlich der heutigen estnischen Grenze bis nördlich von St. Petersburg.

Die Tunnel, die in den Bastionen und damit unter den Parks verlaufen, können besichtigt werden ④. Der Harjumägi war nach seiner Umwandlung in einen Park in den 1860er-Jahren ein beliebtes Ziel der Tallinner. Der Platz in der Mitte wurde und wird für Konzerte und verschiedene Unterhaltungen genutzt.

Wenn nicht mehr so populär wie im 19. Jh., lohnt es sich doch, den **Park** aufzusuchen, denn es bietet sich ein schöner Blick auf die Stadt, vor allem auf den Freiheitsplatz ④ sowie auf Kiek in de Kök ④.

⌂ *Blick vom Harjumägi, im Hintergrund das Geschäftsviertel der Innenstadt*

㊸ Kiek in de Kök ★★★ [C4]

Der Turm Kiek in de Kök dürfte deutschsprachigen Besuchern der Stadt allein wegen seines Namens auffallen. Er war eines der schlagkräftigsten Teile der Stadtbefestigung und beherbergt heute eine sehenswerte Ausstellung.

Der Name ist zumindest für Norddeutsche heute noch leicht zu entschlüsseln: Schau in die Küche. Er stammt daher, dass man von oben einen guten Blick in die benachbarten Küchen hatte, vor allem aber, dass man vom hohen Turm aus im Auge behalten konnte, was der Feind in seinen Stellungen „auskochte". Der rund 38 m hohe Turm diente nicht nur zur Beobachtung, sondern verfügte auch über **erhebliche Feuerkraft.** Im Erdgeschoss lagerten Pulver und Munition, in den oberen Stockwerken konnte aus 27 Öffnungen für Kanonen und 30 Schießscharten für Handfeuerwaffen gefeuert werden. Einige Kanonen und andere historische Waffen können heute noch besichtigt werden. Es handelt sich um eine **Außenstelle des Tallinner Stadtmuseums ❼.** Die Ausstellung umfasst neben Kriegsgeschichte auch Themen wie Seuchen und Folter.

Der Eingang zum Museum am Fuß des Turms führt auch zu den **Bastionstunneln,** die im 17. Jh. auf dieser Seite des Dombergs von den Schweden angelegt wurden. Ein Teil des Tunnelsystems kann im Rahmen einer geführten Tour besichtigt werden.

Begibt man sich danach an der Ostseite des Dombergs wieder bergab Richtung Freiheitsplatz ㊼, schreitet man über die **Mayertreppe,** mit der hier erst 1865 eine neue Verbindung vom Domberg zum Stadtzentrum geschaffen wurde.

❯ Kiek in de Kök und Bastionstunnel (Kiek in de Kök ja Bastionikäigud), Komandandi tee 2, Tel. 6446686, www.linnamuuseum.ee/kok, geöffnet: März–Okt. Di.–So. 10.30–18, Nov.–Febr. Di.–So. 10–17.30 Uhr, Eintritt Turmmuseum 4,50 € (erm. 2,60 €), Tunnel 5,80 € (erm. 3,20 €), Kombikarte 8,30 €. Besichtigung der Tunnel nur im Rahmen von (auch englischsprachigen) Führungen und nach Anmeldung möglich (in der Hochsaison am besten frühzeitig). Für Kinder unter sieben Jahren nicht geeignet.

㊹ Nikolaikirche (Niguliste kirik) ★★★ [C4]

Hinter den dicken Mauern der Nikolaikirche sind einige der bedeutendsten Kunstschätze der Stadt zu entdecken. Als einzige unter den erhaltenen Tallinner Kirchen wird sie heute nicht mehr für religiöse Zwecke genutzt, sondern dient als Museum und Konzertsaal, vor allem für erstklassige Orgelkonzerte.

Die Nikolaikirche ist Teil des Estnischen Kunstmuseums ㊽. Das bekannteste Kunstwerk in der Kirche ist der **Totentanz des Lübeckers Bernt Notke** in der Antoniuskapelle. Zwar ist nur noch ein Teil des Gemäldes erhalten, doch auch dieser vermittelt noch ein – wenn der Ausdruck in diesem Zusammenhang erlaubt ist – lebhaftes Bild von der Gegenwärtigkeit des Todes in jener Zeit. Der Tallinner Totentanz aus der Zeit um die Wende zum 16. Jh. ist das älteste erhaltene deutschsprachige Exemplar dieser Darstellungsform. Ein wichtiger Sinn des Totentanzes ist es, den Betrachter daran zu erinnern, dass die Menschen vor dem Tod gleich sind. So ist zu sehen, wie auch Kirchenfürsten und Könige von den tanzenden Skeletten abgeführt werden. In der vollständigen Darstellung reichte die Reihe der Figuren vom Papst bis zu einem kleinen Kind in der Wiege.

Ein zweites berühmtes Meisterwerk in der Kirche ist der **Hochaltar** des ebenfalls aus Lübeck stammenden Hermen Rode von 1481. Beachtenswert sind die über 30 geschnitzten Heiligenfiguren sowie die älteste gemalte Stadtansicht Lübecks (rechter Flügel, im Hintergrund). Das Museum umfasst ferner die wichtigsten kirchlichen Kunstgegenstände Tallinns und die reich verzierten Schmuckstücke der Gilden und Zünfte in der **Silberkammer** (Hõbedakamber). Die Kirche selbst wurde Anfang des 13. Jh. von deutschen Kaufleuten, die aus Gotland nach Tallinn gekommen waren, als typische Kaufmannskirche errichtet, d. h., sie diente auch als Warenlager. Die erste Erwähnung der Kirche stammt von 1315. An das ursprüngliche Gebäude wurden nach und nach einige Kapellen angebaut, wie man noch heute von außen gut sehen kann.

Die Kirche ist dem hl. Nikolaus gewidmet, der u. a. der Heilige der Kaufleute und Seefahrer ist. Im Lauf der Zeit hat sie im wahrsten Sinn des Wortes einige Stürme überstanden. Beim **Tallinner Bildersturm** ist sie als einzige Kirche verschont geblieben. Der Legende nach goss der findige Küster die Schlösser mit Blei aus und konnte den lutherischen Mob auf diese Weise den Zugang verwehren. 420 Jahre später half diese Technik nicht mehr. Die Kirche wurde 1944 beim sowjetischen Bombenangriff auf die Stadt in großen Teilen zer-

△ *Um die Nikolaikirche herum ist für Altstadt-Verhältnisse viel Platz*

stört. Immerhin konnten viele Kunstschätze vorher in Sicherheit gebracht werden. Die Kirche wurde zwischen 1953 und 1984 allmählich wieder aufgebaut, wobei der Turm 1982, kurz vor Abschluss der Arbeiten, noch einmal Feuer fing.

❯ Niguliste 3, Tel. 6314330,
www.nigulistemuuseum.ee,
geöffnet: Mi.–So. 10–17 Uhr,
Mo./Di. geschl., Eintritt: 3,50 €

㊺ Harju-Straße (Harju tänav) ★ [C4]

Die Harju-Straße verbindet, mit der kleinen Kullassepa-Straße, die beiden wichtigsten Plätze der Stadt, den Rathaus- ⓫ und den Freiheitsplatz ㊼. Die Straße führte in den angrenzenden Harju-Landkreis, von dem sich der Name ableitet. Ein Stadttor, das kurz hinter der Ecke zur Müürivahe-Straße lag, wurde 1875 abgerissen. Vor dem Zweiten Welt-

krieg war die Harju-Straße eine schöne und belebte Geschäftsstraße.
Heute fällt vor allem auf, dass sie im
Gegensatz zu den anderen Straßen
in der Altstadt recht offen wirkt. Das
liegt offensichtlich daran, dass die
Bebauung auf einer Seite fehlt und
sich der Blick hin zur Nikolaikirche **44**
öffnet. Der Bereich um die Harju- und
Niguliste-Straße einschließlich der Nikolaikirche wurde am 9. März 1944
besonders schwer durch ein sowjeti-
sches Bombardement in Mitleiden-
schaft gezogen. Die Gebäude an der
Harju-Straße wurden vollständig zerstört und auf der Seite zur Nikolaikirche nicht wieder aufgebaut. Der Park-
streifen liegt leicht erhöht, da er auf
den Trümmern der Gebäude aufge-
schüttet wurde. Zwischenzeitlich waren auch Fundamente der Gebäude
als Mahnmal freigelegt, doch man
hat sich nun wieder zu einer reinen
Parklösung entschlossen.

Die andere Straßenseite wurde
später wieder bebaut. Erwähnt sei
das **Kirjanike maja** (Haus der Litera-
ten, Harju 1) an der Ecke zur Kuninga.
Es stammt aus dem Jahr 1963. Wenn
auch nicht sonderlich schön, so ist es
doch für das estnische Kulturleben
von Bedeutung. Es befindet sich hier
der Verband Estnischer Schriftsteller
(Eesti Kirjanike Liit), es finden Litera-
turabende statt, neue Bücher werden
vorgestellt und Schriftsteller wohnen
hier. Im Erdgeschoss gibt es ein Antiquariat. Da ist es nur passend, dass
an der Hauswand eine Tafel an einen
beliebten estnischen Schriftsteller,
Juhan Smuul, erinnert, der vor allem
für seine Reiseberichte bekannt ist.
Gegenüber, ein Stück die Niguliste-
Straße hinauf Richtung Kirche wird
ein weiterer berühmter Schriftsteller,
Eduard Vilde, mit einem Denkmal geehrt. Nützlich ist die an der Straßen-

ecke gelegene Tourist-Information
(Niguliste 2/Kullassepa 4). Gegenüber an der Kreuzung ist zudem ein
Zelt mit einer speziellen **Backpacker-
Touristeninformation** (s. S. 122) eingerichtet, in der man nützliche Infos
und alternative Stadttouren angeboten bekommt.

46 Kino Sõprus ★ [C4]

Die **monumentale Fassade** des Kinos
Sõprus („Freundschaft") dominiert
den kleinen Platz an der Ecke Müüri-
vahe/Vana-Posti. Unschwer zu erkennen, handelt es sich um einen **Bau
aus der Sowjetzeit**. Das Gebäude
wurde 1955, also kurz nach Stalins
Tod, fertiggestellt und ist noch ganz
vom Stil seiner Ära geprägt. Typisch
ist die Verbindung von klassischen
Elementen wie Säulen und Portikus
(„Sozialistischer Klassizismus"), mas-
siver – um nicht zu sagen klotziger –
Bauweise und sozialistisch geprägten Ornamenten, in diesem Fall ange-
reichert durch lokale Motive. Neben
dem Kinobetrieb gibt es hier noch die
die Disco Hollywood (s. S. 33).

47 Freiheitsplatz (Vabaduse väljak) ★★★ [C4]

*Der Freiheitsplatz kann beanspruchen
zumindest der zweitschönste Platz Tallinns zu sein – und vielleicht der inte-
ressanteste. Weniger einheitlich und
geschlossen als der Rathausplatz* **11**,
*vereint er verschiedene Elemente aus
der jüngeren Vergangenheit zu einem
kontrastreichen Ganzen.*

Zu der attraktiven Erscheinung
trägt nicht zuletzt der jüngste Umbau des Platzes bei. Am 20.8.2009,
zum 18. Jahrestag der Wiedererlangung der Unabhängigkeit wurde er
feierlich wiedereröffnet. Die wesent-

liche Neuerung sind die breiten Treppen in der Mitte des Platzes. Hier befand sich vorher ein Parkplatz und danach für einige Zeit eine Ausgrabungsstätte, bei der die historischen Grundmauern freigelegt wurden. Sie wurden teilweise in die Neugestaltung des Platzes eingebunden. Ebenfalls neu ist das **Denkmal für den Unabhängigkeitskrieg** (Vabadussõja võidusammas). Dieser Krieg gegen das bolschewistische Russland und die deutsche Landeswehr dauerte von 1918–1920 und führte zur Unabhängigkeit Estlands sowie zur Gründung der Estnischen Republik. Das Denkmal ist allen gewidmet, die die Freiheit Estlands im Lauf der Geschichte mit Waffe oder Wort verteidigt haben. 90 Jahre nach dem Sieg über die Landeswehr, am 23.6.2009, wurde die Siegessäule eingeweiht. Die Gestaltung der Säule war umstritten: Viele empfanden das Denkmal als protzig oder militaristisch. Dem Freiheitsplatz hat die Errichtung aber gut getan, denn dadurch hat der Platz eine geschlossenere Form bekommen und die Mayertreppe mit ihren markanten Vasen und der dahinterliegende Harju-Berg sind stärker in das Gesamtbild einbezogen.

Die **Geschichte des Platzes** reicht über 700 Jahre zurück. Bis zum 16. Jh. hatte er sich zu einem wichtigen Verkehrsknotenpunkt entwickelt. Um 1900, nachdem Reste von Befestigungsanlagen abgetragen waren, erhielt der Platz die heutige Grundform. 1910 wurde ein Monument für Peter den Großen aufgestellt und der Platz fortan „Petersplatz" genannt. 1922 ließ der junge estnische Staat die Statue wieder entfernen und der Name wurde in „Freiheitsplatz" geändert. Hier fand jährlich die feierliche Parade zum Unabhängigkeitstag

statt. Auch nach der Annexion Estlands wurde der Platz politisch vereinnahmt: 1940 inszenierte der Kreml eine politische Versammlung der arbeitenden Klasse, bei der der Rücktritt der Regierung der Estnischen Republik und der Eintritt in die Sowjetunion gefordert wurde. Während der Sowjetzeit hieß der Platz dann Võidu väljak (Platz des Sieges).

Die **Bebauung um den Platz** stammt hauptsächlich aus den 1930er-Jahren. Rechts neben dem Ausgang der Harju-Straße liegt das Café Wabadus in einem Bank-, Geschäfts- und Wohngebäude von 1937. Vor dem Zweiten Weltkrieg war hier das legendäre Café Kultas ansässig. Seinerzeit war es eine der ersten Adressen für Cafébesucher. Die hoch aufstrebende Fassade ist mit dunklem Granit und hellem Dolomit gestaltet. Das **Haus der Kunst** (Tallinna Kunstihoone) von 1934 rechts nebenan fällt durch die große Fensterfläche in der Fassade auf und ist dem Funktionalismus zuzurechnen. Die Proportionen wurden zerstört, als das Haus wegen seines rechten Nebengebäudes höher gebaut wurde. Es befinden sich hier ein Künstlerklub, das Café Kuku, Ausstellungsräume, Ateliers und Wohnungen für Künstler. Auch das 1953 angefügte rechte Nebenhaus (Vabaduse väljak 6) mit seinen etwas übertriebenen Verzierungen wird von Künstlern und Galerien genutzt. Die neugotische **Johanniskirche** (Jaani kirik) stammt aus dem Jahr 1867. Ihr Bau wurde nötig, nachdem die Heiliggeistkirche **⓯** zu klein geworden war. Fast wäre die Kirche in den 1930er-Jahren abgerissen worden, da sie nicht mehr zu den neu errichteten Gebäuden am Platz passte. Der Krieg verhinderte diesen Plan jedoch.

Wendet man den Blick weiter im Uhrzeigersinn, erblickt man auf der anderen Seite der breiten Kaarli pst drei weitere interessante Gebäude. Links liegt das Hotel Palace aus den 1930er-Jahren mit seiner eleganten Fassade. Rechts daneben ist das **Russische Theater** (Vene teater) von 1926 zu sehen. Es wurde als Luxus-Kino Gloria Palace im historistischen Stil erbaut. In diesem Kino lief der erste Tonfilm in Tallinn. Die Innenräume sind reich dekoriert.

Das in rotbraunen Klinkerziegeln ausgeführte Haus der Stadtverwaltung (Tallinna linnavalitsuse hoone) nebenan stammt aus dem Jahr 1932 und ist ein hervorragendes Beispiel des **Art déco** in Tallinn. Beachtenswert sind schließlich zwei Säulen schräg vor dem Gebäude der Stadtverwaltung, am Beginn des Grünstreifens in der Mitte der Kaarli pst. Es handelt sich um die **Freiheitsuhren**, von denen eine die Zeit seit der Unabhängigkeit 1918 und die andere die seit der Unabhängigkeit 1991 zählt.

㊽ Okkupationsmuseum (Okupatsioonide muuseum) ★ [B4]

In diesem Museum erfährt der Besucher mehr über die **Zeit der Okkupationen 1939–1991**. Der moderne Bau wurde 2003 eingeweiht und war das erste Gebäude in ganz Estland, das speziell als Museum gebaut wurde. Nachdem man den Eingang gefunden hat (die Metalltür in dem kleinen Innenhof), gelangt man direkt in den Hauptausstellungsraum. Auf überschaubarer Größe sind Exponate zusammengetragen, die teils praktisch, teils symbolisch verschiedene Aspekte des Lebens der Esten unter der Besatzung illustrieren. So findet man deutsche Waffen, Koffer und ein Boot der Esten, die vor der Roten Armee flohen sowie viele **Alltagsgenstände der Sowjetzeit**. Im Keller gibt es auch noch einige ausrangierte kommunistische Statuen.

Die ausgestellten Gegenstände bilden nur den Hintergrund für eine Erzählung, die sich aus Informationstexten, Zeitzeugenberichten und historischen Dokumenten zusammensetzt. Wer die **Denkweise der Esten** heute verstehen will, findet hier einen wichtigen Schlüssel. Dies dürfte auch die Absicht des auf private Initiative errichteten Museums sein. Fast alle Texte liegen auch in englischer, nicht aber in deutscher Übersetzung vor.

❯ Toompea 8, Tel. 6680250, www.okupatsioon.ee, geöffnet: 11–18 Uhr, geschl.: Mo., Eintritt: 5 €

◁ *Kreative Verbindung von Alt und Neu in der Nähe der Stockmannkreuzung* ㊾

Die Innenstadt

Die Innenstadt Tallinns ist der zentrale Teil südöstlich der Altstadt. Hier liegt das eigentliche wirtschaftliche Zentrum der Stadt. Weithin sichtbar sind verspiegelte Hochhäuser, die die wirtschaftliche Dynamik und das Selbstbewusstsein der jungen Republik demonstrieren.

Im Zentrum des Geschehens befindet man sich etwa auf der Rävala pst **55**. Neben Ministerien, Botschaften, Hotels und den Niederlassungen meist skandinavischer Banken verfügt die Innenstadt über **hervorragende Einkaufsmöglichkeiten**, allen voran das große Viru keskus **56**. Dazwischen gibt es auch stille Parks, einige historische Spuren wie das ehemalige Siechenhaus des hl. Johannes und architektonische Entdeckungen aus allen Epochen der estnischen Geschichte.

Wenn auch der touristische Reiz nicht so offen zutage liegt wie in der Altstadt, sollte man die Innenstadt bei der Routenplanung nicht außer Acht lassen. Das bunte und nicht immer harmonische Nebeneinander der verschiedenen Elemente ist letzten Endes ein gegenüber der Altstadt realistischerer, weniger musealer städtebaulicher Ausdruck der gebrochenen estnischen Geschichte.

49 Tammsaare-Park ★ [D4]

Der Tammsaare-Park gehört vielleicht nicht zu den schönsten in Tallinn, doch er ist aufgrund seiner zentralen Lage immer belebt und war Schauplatz eines tragischen historischen Ereignisses.

1896 wurde der Hauptmarkt vom zu eng gewordenen Rathausplatz **11** hierher verlegt und erhielt den Namen Neuer Markt. Im Gefolge des Marktgeschehens fanden hier bald Theater- und Kinovorführungen sowie andere Volksbelustigungen statt. Das Treiben wurde jedoch am 16.10.1905 jäh unterbrochen, als kaiserliche Truppen in den Wirren der ersten russischen Revolution in die Menge der Teilnehmer einer friedlichen politischen Kundgebung schossen. Viele Menschen wurden verletzt oder starben. Ein Denkmal im südlichen Teil des Parks, beim Estonia-Theater, erinnert daran.

In der Mitte des Parks befindet sich ein Denkmal für **Anton Hansen Tammsaare**, nach dem der Park benannt ist. Tammsaare war ein bedeutender estnischer Schriftsteller, der in seinem literarischen Werk Themen

Anton Hansen Tammsaare – Wahrheit und Gerechtigkeit

Anton Hansen Tammsaare (1878–1940) ist ein estnischer Schriftsteller, der sich bis heute großer Beliebtheit erfreut; in der Schule sind seine Werke praktisch Pflichtlektüre. In die Herzen der Esten hat er sich mit seinem fünfbändigen Opus „Wahrheit und Gerechtigkeit" *(Tõde ja õigus)* geschrieben, das in den Jahren 1926 bis 1933 entstand. Der Roman beschreibt realistisch die Entwicklungen der estnischen Gesellschaft in der zweiten Hälfte des 19. und Anfang des 20. Jh. Besonders bekannt ist der erste Teil, der den Kampf des Menschen mit dem Land beschreibt. Die Bedeutung Tammsaares für die Esten unterstreichen Denkmäler und Museen, die zu seinem Gedenken errichtet worden sind. Ein Museum im Stadtteil Kadriorg informiert über Leben und Werk des Schriftstellers (s. S. 39).

aus dem Alltagsleben der Esten aufgriff. Eine weitere Skulptur im Park ist die „Meerjungfrau" von 1981, zu finden in der Nähe des Viru-Platzes.

🔟 Estonia-Theater und -Konzertsaal (Estonia teatri-ja kontserdimaja) ★★ [D4]

Bei dem monumentalen, gelben Gebäude am Rand des Tammsaare-Parks 🔟 handelt es sich um das Estonia-Theater. Genau genommen besteht es aus zwei Teilen. Zum Park hin liegt das Estonia-Konzertsaal, auf der anderen Seite, zur Georg-Otsa-Straße, befindet sich die Nationaloper (s. S. 35). Erbaut wurde das Theater 1913 im neuklassischen Stil nach Plänen der finnischen Architekten Armas Lindgren und Wivi Lönn. Allerdings ist von diesem prächtigen Gebäude praktisch nichts erhalten; was man sieht, ist eine Rekonstruktion. Das Original fiel dem schweren sowjetischen Luftangriff 1944 zum Opfer. Das nach dem Krieg neu aufgebaute Gebäude imitiert die alte Fassade, andere Teile wurden stark geändert. Auch das **schöne Jugendstilinterieur** wurde strenger gestaltet. Die sowjetischen Kunstwerke sind nach der Wende 1991 beseitigt

worden. Neben seiner Funktion als wichtigstes estnisches Opernhaus und bedeutender Konzertsaal diente das Gebäude 1919 dem ersten estnischen Parlament als Sitzungssaal.

🔟 Dramentheater (Eesti Draamateater) ★ [D4]

In direkter Nachbarschaft zur Oper liegt das Estnische Dramentheater von 1910. Gegründet wurde es als Deutsches Theater. Das Gebäude im Stil der Nationalromantik, der speziellen nordischen Ausprägung des Jugendstils, lehnt sich an das Hebbel-Theater in Berlin-Kreuzberg von 1908 an. So wie das Hebbel-Theater als einziges in Berlin den Krieg überstanden hat, ist auch das Estnische Dramentheater das **einzige aus der Vorkriegszeit erhaltene Theater in Estland.** Ein hochrangiges Ensemble spielt hier estnische und internationale Stücke.

🔟 Kaasani kirik ★ [E5]

Gegenüber dem Hotel Olümpia (s. S. 124) steht eine kleine Holzkirche mit dem Namen Jumalaema sündimise (Kaasani pühakuju) kirik, was so viel bedeutet wie „Kirche der Geburt der Gottesmutter". Bekannt ist sie jedoch als Kaasani kirik. Das Gebäude stammt aus dem Jahr 1721. Sie ist damit die **älteste erhaltene Holzkirche Tallinns** und eines der ältesten Holzgebäude. Außerdem war sie die **erste russisch-orthodoxe Kirche in Tallinn.** Der spätere Patriarch von Moskau und damit Oberhaupt der russisch-orthodoxen Kirche, Alexius II. (1929–2008), diente hier. Er entstammte einer deutschbaltischen Adelsfamilie und wurde in Tallinn geboren.

Nationalromantik

Als Nationalromantik wird ein Architekturstil bezeichnet, der um die Wende zum 20. Jh. vor allem in Nordeuropa Bedeutung erlangte. Kennzeichnend ist die Verknüpfung von Jugendstilelementen mit lokalen Traditionen und einer bewusst bodenständigen, teilweise monumentalen Bauweise. Ein berühmtes Beispiel ist der Hauptbahnhof Helsinki.

53 Kreuzung beim Stockmann-Kaufhaus ⭐⭐ [F5]

Auf einem Spaziergang durch die neue Tallinner Innenstadt sollte die große Kreuzung der Straßen Liivalaia tn, Rävala pst, Pronksi tn und Tartu mnt nicht fehlen. Abgesehen von der runden Fassade des Stockmann-Kaufhauses (s. S. 20), Ableger einer finnischen Kette, fällt das Gebäude gegenüber auf. Wie an der Fassade vermerkt, stammt es von 1954 und ist im Stil des sozialistischen Klassizismus der Stalin-Zeit gehalten. Sogar der **Sowjetstern** prangt noch.

Wer Interesse hat, kann einen Abstecher machen und einen Blick in die Innenhöfe und auf die verfallenen Balkons auf der Rückseite des Blocks werfen. Ein nettes architektonisches Detail findet man, wenn man auf der anderen Seite der Kreuzung ein paar Schritte auf die Pronksi nach Norden, über die Straßenbahnschienen, geht. In der Richtung mit Blick auf die Hochhäuser an der Rävala pst wurde eine alte Kalksteinfront in die wesentlich größere moderne Fassade integriert. Die kleine Kirche des ehemaligen Siechenhauses nebenan wirkt zwischen den Hochhäusern wie aus der Zeit gefallen. Von der Kreuzung aus hat man auch den interessantesten Blick auf die zahlreichen Hochhausbauten des neuen Zentrums 55.

54 Zentralmarkt (Keskturg) ⭐ [F5]

Ein Einkaufserlebnis der besonderen Art bietet der Zentralmarkt. Auf einem festen Gelände mit einer Markthalle, überdachten Ständen, Pavillons und einfachen Verkaufstischen findet jeden Tag Markt statt. Wobei „Markt" umfassender zu verstehen ist, als beim üblichen deutschen

Abstecher: Erweiterte Innenstadtrunde

Wer mehr von der Innenstadt sehen will, geht vom Estonia-Theater 50 am Solaris-Konferenzzentrum vorbei in die Sakala- bis zur Kentmanni-Straße, diese nach links entlang bis zur Liivalaia und dort wiederum links, vorbei am Hotel Olümpia (s. S. 124) zur Stockmann-Kreuzung 53.

Zu sehen gibt es unterwegs den verspielten Backsteinturm eines Gebäudes der estnischen Bank von 1904, verziert mit Wappen estnischer Städte (Anfang Sakala). Dann stößt man auf einen gewaltigen Bau aus dem Jahr 1947, Heimat des estnischen Verteidigungsministeriums und des alternativen Theaters NO99 (Sakala 1–3). An der Ecke Kentmanni/Rävala pst liegt mit der Adresse Rävala pst 11–15 ein Wohnhaus, das 1947–1954, also noch in der Stalin-Zeit, gebaut wurde. Das Haus trägt den Namen **Haus der Wissenschaftler** und diente dazu, deren Loyalität zu sichern. Deshalb sind die Wohnungen mehr als 200 m² groß und besitzen ein ganz und gar unsozialistisches Dienstmädchenzimmer. Weiter auf der Kentmanni findet man die amerikanische Botschaft, zu erkennen an den Pfostenabsperrungen und dem Fotografierverbot. Die Botschaft war schon zwischen 1930 und 1940 hier untergebracht und ist es wieder seit 1992. Wer hungrig geworden ist, kann im günstigen Sõõrikukohvik einen Imbiss nehmen (Kentmanni 21).

Wochenmarkt. Neben Lebensmitteln findet man alle Arten von Haushaltsgegenständen, Elektrogeräten, Kleidung, Taschen, Schmuck – ja eigentlich alles Wesentliche für den täglichen Gebrauch, allerdings auch alles Unwesentliche. Das Spektrum reicht von echten Schnäppchen bis zu veritablem Schrott. **Viele Stadtbewohner,** die nicht vom großen Boom nach der Wende profitiert haben, **können sich hier vergleichsweise günstig versorgen.** Für alle anderen lohnt der Bummel wegen der Atmosphäre und des Angebots abseits des Warenhausstandards. Auch wenn der Zentralmarkt kein unsicherer Ort ist, kann es nicht schaden, seine Sachen taschendiebsicher zu packen. In der Markthalle kann es voll werden.

> Keldrimäe 9, tägl. 7–17, So. 7–16 Uhr

55 **Das neue Innenstadtviertel** ★★★ [E4]

Die neue Innenstadt Tallinns ist schwerer greifbar als die vergleichsweise einheitliche, abgeschlossene Altstadt. Aus der Ferne betrachtet stellt sich das Zentrum als **Skyline** von modernen Hochhäusern dar, die sich vorteilhaft mit den historischen hohen Gebäuden wie der Olaikirche 25 ergänzt.

Begibt man sich ins Herz dieses neu geschaffenen städtischen Raums, verliert man zwischen den hohen Türmen zwar leicht den Überblick, gewinnt aber ein Gefühl für den Wandel, den Tallinn erlebt hat. Am ehesten bildet die Rävala pst zwischen Stockmann-Kreuzung 53 und der A.-Laikmaa-Straße, die vor dem Hochhaus des Radisson Blu Hotels abzweigt, ein einheitliches Gefüge.

Noch während der 1990er-Jahre stand hier kein einziges höheres Gebäude, die vorhandenen Holzhäuser waren verfallen. Am Rand der neuen Bebauung kann man diesen Kontrast manchmal noch entdecken. **Das erste Hochhaus** wurde 1999 fertiggestellt. Es ist das, welches heute der schwedischen Bank SEB gehört. Es ist an der luftigen Rahmenkonstruktion an der Spitze zu erkennen. Weiter sind zu nennen: das glatt verspiegelte Swissôtel direkt hinter dem Stockmann-Kaufhaus und das kleinere Haus der estnischen Tageszeitung Postimees schräg dahinter.

In der Nähe der Kreuzung Rävala pst/Kivisilla fällt eine Glasdachkonstruktion auf dem Gehweg auf. Es handelt sich um eine Ausstellung zur Geschichte eines Siechenhauses (Jaani seek), das sich hier befand, und des umliegenden Stadtteils. Die kleine Holzkirche auf der anderen Straßenseite, die heute von der armenischen Gemeinde genutzt wird, gehörte ebenfalls zum Siechenhaus. Etwas weiter die Rävala pst hinunter ragt das Radisson Blu Hotel mit seinem sich stufenförmig türmenden Dach markant in die Höhe. Diesem gegenüber liegt das Euroopa Liidu maja (EU-Haus). In diesem Bürogebäude,

---

KLEINE PAUSE

Lounge 24, das Café auf dem Dach des Radisson Blu Hotels
Vom Haupteingang des Hotels an der Rävala pst geht man ziemlich gerade durch zu den Fahrstühlen auf der anderen Seite der Empfangshalle. Den 24. Stock wählen und oben ins Freie treten. Bei gutem Wetter sitzt man draußen sehr angenehm und hat einen fantastischen Blick über die Stadt. Es gibt kleine Gerichte und Kuchen, die Preise sind allerdings mehr als saftig (s. S. 29).

dessen Fassade mit seinem Namen auf verschiedenen Sprachen verziert ist, befindet sich ein **Informationszentrum der EU** und es finden Kulturveranstaltungen statt.

56 Viru-Zentrum (Viru keskus) und Kaubamaja ★★ [E4]

Das Viru-Zentrum ist das größte Einkaufszentrum der Stadt. Auf vier Etagen finden sich Boutiquen vieler internationaler und estnischer Bekleidungsmarken, Sportartikel, Schmuck, Unterhaltungselektronik und was das Herz sonst begehrt.

Auch wer sich vom Konsumrausch nicht anstecken lassen will, kann auf **allerlei nützliche Einrichtungen** zurückgreifen. Im Untergeschoss liegt der Durchgang zum unterirdischen Busbahnhof. Im Erdgeschoss befindet sich u. a. eine Apotheke (zum Ausgang A.-Laikmaa-Straße hin), ein Ticketservice (gegenüber der Apotheke) sowie ein Geldautomat und es gibt Toiletten (Richtung Ecke Narva mnt/A. Laikmaa). Im dritten Stock (nach estnischer Zählung) kann man angesichts des hektischen Betriebs weiter unten einen überraschend schönen, gut sortierten und ruhigen Buchladen namens Rahva Raamat finden, der auch eine ansehnliche Auswahl englischsprachiger Titel bereithält. Das angeschlossene Café Bestseller bietet verfeinerte Küche mit teilweise exotischen Kreationen und ist einen Besuch wert. Auch sonst gibt es im Viru-Zentrum reichlich Gelegenheiten, sich bei Snacks und Erfrischungen niederzulassen. Was das Shopping angeht, werden sich in den hier versammelten Läden kaum besondere Schnäppchen machen lassen. Dafür sind alle Läden auf kleinem Raum zu finden.

Von den beiden Hauptetagen gibt es jeweils Zugänge zum **Kaubamaja**. Der Name bedeutet schlicht „Warenhaus". Der Vorläufer wurde 1960 als großes sozialistisches Kaufhaus gegründet, in dem sich die Bürger mit allen Waren unter einem Dach versorgen können sollten. Zwar war auch hier längst nicht alles zu bekommen, was man wünschte, aber gegenüber den kleinen, heute noch selten zu findenden Eck- und Souterrainläden war es ein Schritt in Richtung Modernität. Heute ist von diesem Hintergrund freilich wenig zu sehen. Das Kaubamaja präsentiert sich als modernes Kaufhaus mit internationalem Standard. Die Orientierung ist nicht ganz einfach, da das alte Kaufhaus mit dem Viru keskus verbunden wurde, sodass man eine Weile durch den Laden läuft, bevor man das zentrale Treppenhaus erreicht. Nützlich ist der gut sortierte Lebensmittelladen im Untergeschoss des Viru keskus (auch mit separatem Eingang, neben dem unterirdischen Busbahnhof) für Selbstverpfleger und solche, die schnell eine Flasche Hochprozentiges estnischer Herkunft als Souvenir besorgen müssen.

❯ **Viru-Zentrum (Viru keskus),** Viru väljak 4, geöffnet: tägl. 9 – 21 Uhr

❯ **Kaubamaja,** Gonsiori 2, geöffnet: tägl. 9 – 21 Uhr

57 Rotermann-Viertel (Rotermanni kvartal) ★★★ [E3]

Das Rotermann-Viertel ergänzt das ohnehin vielschichtige Stadtbild Tallinns um eine weitere Facette. Kühne, moderne Architektur ist eingebettet in eine Umgebung aus Industriebauten des 19. Jh. Darin findet sich eine Mischung aus Geschäften, Gastronomie und Ausstellungen.

063tn Abb.: ta

Neben der Gleichförmigkeit moderner Shoppingtempel präsentiert sich das Rotermann-Viertel ausgesprochen ambitioniert. In einer modernen, designten Umgebung, die durch die geschickte Einbindung von ehemaligen Fabriken und Lagerhallen im typischen Kalkstein mehr Wärme und Charakter verströmt als die Zweckbauten, die überall im weiteren Umkreis der Tallinner Innenstadt entstanden sind, vermischen sich kulturelle Angebote mit kulinarischen und konsumorientierten. Außerdem gibt es Wohnungen und Büroflächen. Das Viertel wird begrenzt durch die Straßen Mere pst, Narva mnt, Ahtri und Hobujaama. Die **Lage zwischen Altstadt, Innenstadt und Hafen** ist hervorragend, doch bis zur Sanierung

seit 1991 gehörte diese Gegend zu den düstersten und heruntergekommensten im Innenstadtbereich. Immerhin hat ihr dies einen Platz in der Filmgeschichte gesichert: Der bedrückende Klassiker „Stalker" des russischen Regisseurs Andrei Tarkowski wurde zu Teilen hier gedreht.

Die Entwicklung des Viertels geht zurück auf Christian Abraham Rotermann, der hier 1829 die Basis für das spätere Industrie- und **Handelsimperium der Rotermanns** legte. Der Gründer und seine Nachfahren entfalteten ein erstaunliches Spektrum wirtschaftlicher Aktivitäten: Baustoffhandel, ein Warenhaus, Sägewerke, Wollverarbeitung und Nudelherstellung sind nur einige davon. In den 1920er-Jahren kam der erste Autohandel Estlands hinzu. Mit dem Gedeihen der Firma kamen immer größere und stolzere Bauten hinzu. Durch Brände, Zerstörung und Verfall in der Sowjetzeit ist heute nur ein Teil der ursprünglichen Bebauung erhal-

⌂ *Das Rotermann-Quartier ist ein urbanes Gesamtkunstwerk*

ten. Ganz am Rand, zum Viru-Platz ❶ hin (Viru väljar 2), befindet sich das ehemalige Warenhaus. Das heute Metro Plaza genannte Gebäude geht auf das Jahr 1850 zurück, hat aber einen modernen Anbau erhalten, dessen gläserne Fassade die historische dominiert.

Zwei Häuser weiter entlang der Narva mnt stadtauswärts befindet sich das quadratische Postimaja-Einkaufszentrum. Biegt man hier in die Hobujaama-Straße ein, folgt dahinter das Kino Coca-Cola-Plaza und dahinter links der Zugang in das Herz des Viertels. Es gibt weitere Zugänge, die aber alle recht versteckt liegen. Von den Gebäuden seien hervorgehoben: der alte Mehlspeicher (Jahuladu) mit den rostfarbenen vertikalen Elementen in den obersten beiden Stockwerken, danach, zum Platz hin, der neue Mehlspeicher, gänzlich rostfarben und mit auffällig hervorstehenden Fensterblöcken.

Dreht man sich auf dem Platz nach links, sieht man an der Nordseite die historische Prooviveski (Versuchsmühle) und an der Westseite die alte Bautischlerei, zu erkennen an den eigenwillig aufgesetzten Blöcken. Zur Ahtri-Straße hin hat das **Architekturmuseum** ❺❽ den ehemaligen Salzspeicher bezogen. Die Entwicklung des Viertels ist noch nicht abgeschlossen, weder hinsichtlich der Restaurierung der Gebäude noch der Nutzung der entstandenen Gewerbeflächen. Es lohnt sich also, in dem verwinkelten Areal selbst auf Entdeckungsreise zu gehen.

> *Die Umgestaltung des Viertels bot den Architekten viel Spielraum*

❺❽ Estnisches Architekturmuseum (Eesti Arhitektuurimuuseum) ★ [E3]

Im ehemaligen Salzspeicher des Industriellen Christian Barthold Rotermann befindet sich heute das Estnische Architekturmuseum. Die Sammlung mit **Schwerpunkt auf dem 20. Jh.** umfasst Stadtpläne und Unterlagen zur Stadtplanung, architektonische Modelle, Nachlässe einzelner Architekten sowie Möbel. Dazu gibt es wechselnde Ausstellungen zu Themen der estnischen und internationalen Architektur. Sehenswert ist auch das mächtige Kalksteingebäude des Museums selbst. Es wurde 1908 fertiggestellt und für die Nutzung als Museum 1996 aufwendig renoviert.

> Ahtri 2, www.arhitektuurimuuseum.ee, Tel. 6257000, Fr.–So. 11–18 Uhr, Mi. 12–18 Uhr, Do. 12–20 Uhr, 3–4 €

064tn Abb.: ta

065tn Abb.: ta

Kadriorg

Gegenüber der Altstadt und der neuen Innenstadt bietet der Stadtteil Kadriorg [dh] ein völlig anderes Bild. Wollte man den Stadtteilen Jahrhunderte als Etikett anheften, könnte man sagen: Die Altstadt ist 16. Jh., die Innenstadt 21. Jh. und Kadriorg 19. sowie frühes 20. Jh.

Anders ausgedrückt herrscht in Kadriorg gegenüber dem lauten Treiben der Altstadt und der kühlen Geschäftigkeit des Zentrums immer eine gewisse Melancholie, eine Erinnerung an vergangene Zeiten, als hier Bürgerfrauen mit adretten Schirmchen spazierten. In den stillen Straßen findet sich noch eine Vielzahl von Häusern in klassischer estnischer Holzarchitektur (z. B. Faehlmanni-Straße) sowie einige größere Stein-

◹ *Kadriorg ist bekannt für seine schönen Holzhäuser*

◳ *Sonnenbad im Park von Kadriorg*

bauten mit Jugendstil- und funktionalistischen Einflüssen (z. B. Raua-Straße). Nur vereinzelt gibt es Geschäfte, Cafés und öffentliche Einrichtungen. Etwas lebhafter geht es dann im Park **59** zu, der flächenmäßig einen erheblichen Anteil am gesamten Stadtviertel hat. **Namensgeberin des Stadtteils ist Katharina I. von Russland,** die Frau Peters des Großen. Dieser ließ nach der Eroberung Estlands hier einen Sommersitz **60** errichten und benannte das Schloss und den umgebenden Park nach seiner Frau. Der estnische Name heißt nichts anderes als Katharinental.

59 Kadrioru park ★★ [dh]

Der Park in Kadriorg wurde **auf Initiative Peters des Großen angelegt.** Nachdem er 1714 ein kleines Sommerhaus erworben hatte **63**, beauftragte er in den folgenden Jahren eine standesgemäße Anlage. Während der Bereich in der Nähe des Schlosses und in Richtung der Innenstadt eher den streng geometrischen Vorbildern französischer Parks folgt, wandelt sich das Bild zu den Rändern hin zum Landschaftspark englischen Stils. Es gibt einen Bereich mit Kinderspielplätzen, der eher den Charakter eines Volksparks trägt und schließlich sogar noch einen Japanischen Garten. Diese Mischung verschiedener Elemente macht den besonderen Reiz des Geländes aus.

Ein beliebter Platz ist der nah am Eingang gelegene Schwanenteich (Luigetiik) mit dem Pavillon auf der Insel. Hier flanierte man schon im 19. Jh. Bis heute gehen die Tallinner sonntags gern hier spazieren. Hinter dem Teich steht das Denkmal für Friedrich Reinhold Kreutzwald (s. Exkurs oben), von dort führt der

Friedrich Reinhold Kreutzwald und das Nationalepos „Kalevipoeg"

*Früher oder später stößt man in Tallinn auf Spuren des estnischen Nationalepos „Kalevipoeg". Ob Denkmäler, Produkte oder Orte – die estnische Mythologie ist immer präsent. In Deutschland wäre „Kriemhild" ein merkwürdiger Name für eine Schokoladentafel, in Estland ist „Linda" völlig normal. Linda und Kalev sind die mythischen Ureltern in den Erzählungen der alten Esten. Kalevipoeg ist ihr Sohn, ein **großer Held und ziemliches Raubein.** Seine Taten wurden lange nur mündlich überliefert. Im 19. Jahrhundert begannen estnische Gelehrte diese Ge-*

schichten zu sammeln und in Form zu bringen.

*Der Arzt Friedrich Reinhold Kreutzwald (1803–1882) schuf auf der Basis der von seinem bereits 1850 verstorbenen Kollegen Friedrich Robert Faehlmann gesammelten Geschichten das Versepos „Kalevipoeg". Es war mit seinen **19.000 Versen** ein außerordentlich wichtiger Beitrag zur Entwicklung des estnischen Nationalbewusstseins und der estnischen Literatursprache. Übrigens sind Kreutzwald und Faehlmann estnischer Abstammung, trugen aber eingedeutschte Namen.*

Weg weiter zum KUMU **64**. Alternativ nimmt man die Weizenbergi-Straße, die vom Schwanenteich bergan Richtung KUMU führt und passiert dabei linker Hand das **Schloss Kadriorg 60**, den **Amtssitz des Präsidenten 62** und das ehemalige **Sommerhaus Peters des Großen 63**.

Auf der rechten Seite der Straße sind drei Nebengebäude aufgereiht: die Neue Wache mit der Adresse Weizenbergi 26. Hier befindet sich heute das Museums des Parks und die Bibliothek. Das Gebäude wurde 1990 komplett neu aufgebaut. Das Haus mit der Nummer 28, die ehemalige Schlossküche, beherbergt heute das Johannes-Mikkel-Museum (s. S. 38), eine private Kunstsammlung. Ein Haus weiter, bei der Hausnummer 30 arbeiten Mitarbeiter des Präsidenten im ehemaligen Eiskeller. Darüber hinaus gibt es am Rand des Parks, Richtung Kadriorg, zahlreiche schöne Holzhäuser zu entdecken. Alternativ

spaziert man auf der anderen Seite Richtung Meeresufer. Der **Japanische Garten** liegt ein ganzes Stück schräg links hinter dem Schloss. Auf jeden Fall lohnt es sich, etwas Zeit mitzubringen und sich dem gepflegten Müßiggang hinzugeben.

❭ Den Park **Kadriorg** und seine Sehenswürdigkeiten erreicht man mit den Bahnlinien 1 und 3 von der Haltestelle Hobujaama bis zur Haltestelle Kadriorg und mit dem City-Tour-Bus.

066rn Abb.: hr

067tn Abb.: ta

60 Schloss Kadriorg
(Kadrioru loss) ★★ [dh]

*Das in den weitläufigen Park
Kadriorg eingebettete Schloss ist ein
herausragendes Beispiel barocker
Architektur in Nordeuropa. Auch eine
Reihe von russischen Kaisern wusste
die hübsche Umgebung zu schätzen:
Sie fuhren hierher regelmäßig in die
Sommerfrische.*

Zar Peter I. der Große ließ das
Schloss ab 1718 als Sommersitz errichten, nachdem Estland erst wenige Jahre zuvor im Großen Nordischen
Krieg von Schweden an Russland gefallen war. Wie auch beim Bau von St.
Petersburg legte Peter Wert auf italienisches Design und engagierte den
Römer Nicola Michetti, der schon
in St. Petersburg und Rom gearbei-
tet hatte. Er gestaltete das Schloss
**im barocken Stil nach italienischen
Vorbildern.** Vor allem die Große Halle
verströmt eine kühle Eleganz. Peter
selbst erlebte die Fertigstellung des
Schlosses zwar nicht mehr, aber seine Nachfolger weilten hier regelmäßig im Sommer. Durch die prominen-
ten Gäste wurden der Park und das
Schloss im 19. Jh. auch für die gehobene Tallinner Gesellschaft zu einem
beliebten Ausflugsziel.

KLEINE PAUSE

Café Katharinenthal
Auf dem Weg zurück aus dem Park
bietet sich das Café und Restaurant
Katharinenthal am Luigetiik (Schwanenteich) für eine Pause an. Es gibt
erstklassiges süßes Gebäck und
leckere Kleinigkeiten zu essen. Im
Sommer sitzt man draußen besonders angenehm (s. S. 29).

⌂ *Peter der Große wählte Kadriorg
als Ort für seine Sommerresidenz*

▷ *Hier residiert der estnische
Präsident*

Nach dem Ersten Weltkrieg, in der Zeit der Estnischen Republik, zog das Estnische Kunstmuseum ein, das heute im KUMU **64** seinen Hauptsitz hat. Nachdem das Schloss in den 1990er-Jahren mit schwedischer Unterstützung komplett restauriert wurde, beherbergt es heute wieder einen Teil des Museums, nämlich die Sammlung ausländischer Malerei und angewandter Kunst. Die **Gemäldesammlung** enthält u. a. Werke von Pieter Brueghel d. J., Lucas Cranach und Ilja Repin. Es gibt auch ein Café und einen Blumengarten hinter dem Schloss, den man unabhängig vom Museum besichtigen kann.

132 [dh] **Kadriorg-Kunstmuseum (Kadrioru Kunstimuuseum)**, Weizenbergi 37, Bahn 1 und 3 Hobujaama bis Kadriorg, Tel. 6066403, www.kadriorumuuseum.ee, geöffnet: Di, Do.–So. 10–17, Mi. 10–20 Uhr, Okt.–Apr. Do.–So. 10–17, Mi. 10–20 Uhr, Eintritt: 4,80 €.

61 Denkmal Russalka ★ [dh]

Geht man aus dem Schloss kommend den Weg gerade nach rechts zur Ostsee, gelangt man, nach Überquerung der stark befahrenen Ausfallstraße, zum Russalka-Denkmal. Es erinnert an die 177 Seeleute, die 1893 mit dem **gleichnamigen russischen Panzerschiff** untergegangen sind. Es befand sich auf der Fahrt von Tallinn nach Helsinki und sank in einem Herbststurm. Das Wrack wurde erst im Jahr 2003 südlich von Helsinki gefunden. Das 1902 eingeweihte Denkmal stammt von Amandus Adamson, einem der bedeutendsten estnischen Bildhauer. Es besteht aus einer geflügelten Frau mit orthodoxem Kreuz in der Hand, die auf das Meer deutet. Trotz des Verkehrslärms kommen heute gern frischvermählte russische Paare hierher.

62 Amtssitz des estnischen Präsidenten ★ [dh]

Direkt gegenüber der Rückseite des Schlosses Kadriorg **60** steht ein weiteres schlossartiges Gebäude, allerdings deutlich jüngeren Datums. Der repräsentative Bau im neubarocken Stil stammt von 1938 und wurde von vornherein als Amtssitz für den damaligen estnischen Präsidenten Konstantin Päts konzipiert. Nach der Wiedererlangung der Unabhängigkeit residiert der Präsident heute wieder dort. Seit 2006 hat **Toomas Hendrik Ilves** das Amt inne, ein Exileste, der den größeren Teil seines Lebens in Nordamerika verbracht hat. Neben der Dienstwohnung befinden sich Büros und Konferenzräume im Schloss, das daher nicht besichtigt werden kann. Immerhin geben die Wachen an der Tür ein stattliches Bild ab.

63 Museum im Haus Peters I. (Peeter I Majamuuseum) ★ [dh]

Im hinteren Teil des Kadriorg-Parks versteckt sich ein kleines Häuschen mit einem berühmten Besitzer: Zar Peter I., genannt der Große, nutzte das Gebäude als Sommerhaus. Nach Peters Tod verfiel das Gebäude, da seine Nachfolger das mittlerweile fertiggestellte Schloss Kadriorg nutzten.

068tn Abb: ta

Anfang des 19. Jh. wurde das Haus wieder hergerichtet und später zu einem beliebten Ausflugsziel der Tallinner. Es heißt, der damalige Wachmann habe die Besucher mit spannenden Geschichten zu unterhalten gewusst.

Architekturgeschichtlich ist das Haus wertvoll, da es das **einzige erhaltene estnische Sommerhaus aus dem 17. Jh.** ist. Heute befindet sich in dem Gebäude ein Museum, das vor allem Möbel des 17. und 18. Jh. zeigt, darunter viele Stücke, die von Peter oder seinen Nachfolgern benutzt wurden. Zudem gibt es im Keller eine **Skulpturensammlung** mit Werken, die für die ursprüngliche Anlage des Parks in den 1720er-Jahren angefertigt wurden.

› Mäekalda 2, Bahn 1 und 3 Hobujaama bis Kadriorg, Tel. 6013136, www. linnamuuseum.ee, geöffnet: Mai–Aug. Di.–So.10–18 Uhr, Sept.–Apr. Mi.–So. 10–17 Uhr, Eintritt: 2 €

64 Estnisches Kunstmuseum KUMU (Eesti Kunstimuuseum) ★★ [dh]

Das KUMU ist eines der größten Kunstmuseen Nordeuropas und lohnt schon wegen seiner ungewöhnlichen Architektur einen Besuch.

Das KUMU – der Name ist ein Kurzwort aus dem estnischen Wort für Kunstmuseum: *kunstimuuseum* – ist heute der Hauptsitz des Estnischen Kunstmuseums 64, das darüber hinaus noch über vier Filialen verfügt, darunter Schloss Kadriorg 60 und Nikolaikirche 44. Das Schloss war ursprünglicher Hauptsitz des 1919 gegründeten Museums, wurde aber später als Präsidentensitz genutzt, woraufhin das Museum mehrmals umziehen musste. Mit dem **kühn ge-**

069tn Abb.: ta

stalteten Neubau des finnischen Architekten Pekka Vapaavuori hat das Museum eine Heimat gefunden, die neben umfangreichen Ausstellungsräumen auch Platz für Veranstaltungen und Seminare bietet. Außerdem gibt es einen Museumsshop und ein Café mit Terrasse.

Das Museum wurde 2008 mit dem Titel **Europäisches Museum des Jahres** geehrt. Die Dauerausstellung im KUMU zeigt estnische Kunst vom 18. Jh. bis heute, darunter eine größere Sammlung von Büsten sowie Werke der deutschbaltischen Kunst und des sozialistischen Realismus.

› Weizenbergi 34/Valge 1, Bahn 1 und 3 Hobujaama bis Kadriorg, Tel. 6026000, www.kumu.ee, geöffnet: April–Sept. Di., Do.–So. 11–18 Uhr, Mi. 11–20 Uhr, Okt.–März Mi. 11–20 Uhr, Do.–So. 11–18 Uhr, Eintritt: 5,50 €

◿ *Mit dem Neubau hat das Estnische Kunstmuseum eine würdige Bleibe gefunden*

Entdeckungen außerhalb des Zentrums

Auch wenn man sich nur kurz in Tallinn aufhält, lohnt ein Blick über das Stadtzentrum hinaus. Denn hier ist Platz für ausgedehnte Spaziergänge oder ein Picknick im Grünen.

Die Strecke am Ufer der Tallinner Bucht entlang nach Pirita **66** führt an vielen wichtigen Stätten der Tallinner Geschichte vorbei und eignet sich auch für eine Radtour. Hier weht immer eine frische Brise. Das Möwengeschrei und der Blick auf die großen Fähren im Hafen gegenüber bilden einen schönen **Kontrast zu den engen Gassen der Altstadt**. Wer das touristische Erlebnis der etwas anderen Art sucht, sollte eine kleine Tour durch Lasnamäe **72** in Betracht ziehen, ein gewaltiger Plattenbauvorort aus der Sowjetzeit, dessen Dimensionen geradezu surreal sind. Das Freilichtmuseum **74** hingegen ist eine grüne Oase und vermittelt einen guten Eindruck des früheren Lebens in Estland inklusive stilechter kulinarischer Genüsse.

65 Die Sängerfestwiese (Lauluväljak) ★★ [dh]

Ohne Sängerfest ist die Sängerfestwiese zunächst einmal eine große, zentrumsnahe Freifläche mit einer eigenwilligen Bühnenkonstruktion. Doch die Bedeutung dieses Ortes für das Nationalbewusstsein der Esten ist kaum zu überschätzen.

Nur alle fünf Jahre findet hier das Sängerfest statt, zu dem Zehntausende Esten aus dem In- und Ausland und eine wachsende Zahl von Touristen anreisen. Bis zu 30.000 Sänger finden auf der Bühne Platz und bilden einen der größten Chöre überhaupt. Für viele Esten sind die spontanen Versammlungen auf dem Platz während der **Singenden Revolution** das prägende Erlebnis der Wendezeit schlechthin.

Diesen Hintergrund sollte man im Kopf behalten, wenn man an dem Hang spaziert, der die Küstenstraße nach Pirita mit dem Hügel von Lasnamäe **72** verbindet. Von unten kommend geht man auf die Rückseite der Sängerfestbühne zu, die 1960 errichtet wurde. Die **gewaltige Spannkonstruktion** ist auch wegen ihrer kühnen Architektur sehenswert. Rechts der Bühne (weiterhin vom Pirita tee her kommend) befindet sich das Pressegebäude, links der Kalksteinturm, an dessen Spitze während der Feste eine Flamme brennt. Erklimmt man den Hügel vor der Bühne, findet man oben ein Denkmal des berühmten Chorleiters Gustav Ernesaks. Rechts vom Ausgang, an einer Mauer, sind Tafeln angebracht, die an vergangene Sängerfeste erinnern. Außer den Sängerfesten wird der Platz für Popkonzerte und Volksfeste genutzt.

❯ Narva mnt 95, Bus 1A, 8, 34A, 38 Viru keskus bis Lauluväljak, Tel. 6112102, www.lauluvaljak.ee

66 Pirita ★ [ef]

Wer genug von engen Gassen und Stadttrubel hat, sollte einen Ausflug nach Pirita erwägen. Eher Seebad als Stadtbezirk bietet es lose verstreut viele interessante Ziele und Freizeitmöglichkeiten.

Am Russalka-Denkmal **61** zweigt die Straße Pirita tee ab und zieht sich mehr oder weniger nah am Ufer die ganze Viimsi-Halbinsel hinauf. Gleich zu Beginn passiert man die Sängerfestwiese **65**, dann das Marienberger Schloss **67** und das Ehrenmal für die im Kampf gegen die Deutschen im Zweiten Weltkrieg Gefallenen **68**. Kurz vor dem Pirita-Fluss befindet sich das Olympiazentrum mit dem Jachthafen, während jenseits des Flusses der eigentliche Ort liegt. Direkt hinter dem Fluss liegt die Ruine des Klosters **69**, das dem Ortsteil seinen Namen gab. Im weiteren Verlauf der Straße folgen noch einige gartenstadtartige Wohngebiete.

Die Weitläufigkeit und Nähe zum Meer machen Pirita zum **bevorzugten Naherholungsgebiet** für die Tallinner.

Es gibt gut ausgebaute und gekennzeichnete Fahrrad- und Inlineskate-Strecken sowie einen Badestrand mit Blick auf die Silhouette der Altstadt. Um diesen zu erreichen, biegt man entweder nach dem Pirita-Fluss links beim Buswendeplatz ab oder folgt weiter stadtauswärts dem Schild „AS Keegliklubi". Vom Parkplatz des Bowlingklubs erreicht man durch einen Durchgang im Gebäude den Strand.

❯ Pirita erreicht man mit den Buslinien 1A, 8, 34A und 38 vom Viru keskus **56** und mit dem City-Tour-Bus. Die zentrale Bushaltestelle heißt ebenfalls Pirita.

Die Sängerfeste – mehr als nur ein Musikfestival

*Es ist nicht nur ein Klischee, dass die Esten ein Volk von Sängern sind. Viele singen in Chören, es gibt Ensembles und Chöre von Weltruf und entsprechend viele Festivals, die sich großer Besucherscharen erfreuen. Das wichtigste und größte Musikfest ist das Sängerfest, das alle fünf Jahre auf der großen Bühne der Tallinner Sängerfestwiese **65** abgehalten wird. Beim Fest im Jahr 2009 betrug allein die Zahl der Teilnehmer rund 26.000 (!). Die Besucher, die alle Hänge des Festplatzes füllen, sind noch viel zahlreicher. Einige der dort gesungenen Lieder haben praktisch den Status von Nationalhymnen und sind für das Nationalbewusstsein der Esten von immenser Bedeutung. Es werden Erinnerungen an die Singende Revolution wach. 1988 versammelten sich ebenfalls auf dem Sängerfestplatz **rund 300.000 Menschen,** um singend ihrem Willen nach nationaler Unabhängigkeit Ausdruck zu verleihen. Der Dokumentarfilm „The Sin-*ging Revolution" zeichnet diese Ereignisse nach.*

Doch die Verknüpfung von Gesang und Politik reicht noch weiter zurück. Mitte des 19. Jh., in der Zeit des nationalen Erwachens, organisierten sich die Esten in Chören, um gemeinsam ihr eigenes kulturelles Erbe zu bewahren und zu entwickeln.

*1869 fand in Tartu das erste estnische Sängerfest statt (und damit das erste im Baltikum) und legte den Grundstein für diese Tradition. Auch während der Sowjetzeit fanden die Feste statt und leisteten ihren Beitrag dazu, das **Nationalbewusstsein der Esten** wach zu halten. 1988 erklang dann zum ersten Mal wieder laut die Nationalhymne „Mu isamaa, mu õnn ja rõõm" (Mein Vaterland, mein Glück und meine Freude).*

Nach dem Sängerfest 2014 geht es erst wieder im Jahr 2019 weiter. Dazwischen gibt es noch ähnliche, kleinere Veranstaltungen wie das Jugendsängerfest.

67 Marienberger Schloss (Maarjamäe loss) ★★ [dg]

Das Marienberger Schloss liegt etwas oberhalb der Straße Pirita tee und ist neben dem Zufahrtsweg auch über den Treppenaufgang aus gelben Ziegelsteinen zu erreichen. Oben liegt versteckt und durchaus idyllisch die kleine Anlage, die heute eine **Außenstelle des Historischen Museums 18** ist. In der Ausstellung finden sich Exponate zur Geschichte Estlands im 20. Jh. Auch wenn das Museum nicht geöffnet hat, lohnt sich ein Abste-

EXTRATIPP

City-Tour statt Bus und Bahn
Viele Sehenswürdigkeiten außerhalb des Zentrums erreicht man praktisch mit dem City-Tour-Bus (s. S. 122).

cher, denn hinter dem Haus befindet sich ein frei zugänglicher Ausstellungsteil: Zahlreiche **Denkmäler und Skulpturen der Sowjetzeit** sind hier gelagert. Lenin schaut mit ernstem und festem Blick in den Wald, Stalin liegt starr hinter einem Baum – ein Ort mit ganz besonderer Atmosphä-

e-Estonia

„E" wie Estland, „e" wie elektronisch. Estland ist eine Art Versuchsküche für den digitalen Wandel der Gesellschaft. Längst wird daran gebastelt, daraus ein Markenzeichen zu machen: „e-Estonia". Überall im Alltag begegnet man der digitalen Moderne: Parkscheine werden schon seit Jahren per SMS bezahlt, das Busticket per personalisierter „Smartcard" und die Steuererklärung ist mit einigen Mausklicks erledigt, denn alle absetzbaren Ausgaben sind bereits passend unter der eigenen Personennummer gespeichert. Alle staatlichen Dokumente können zu Hause per Kartenlesegerät und Personalausweis über eine spezielle, verschlüsselte Seite aufgerufen werden. Verschreibt der Arzt ein Arzneimittel, legt man dem Apotheker den Personalausweis vor. Von diesem kann ausgelesen werden, was andernorts noch vom Arzt persönlich auf Papier unterschrieben werden muss.
Die Liste lässt sich fortsetzen. So war Estland das erste Land weltweit, das eine Online-Stimmabgabe bei na-

tionalen Parlamentswahlen zuließ. Die letzte Volkszählung wurde weitgehend über das Internet erledigt und Estland reklamiert für sich, als erstes Land weltweit Ziel eines zwischenstaatlichen Cyberangriffs geworden zu sein. Damals wurden estnische Seiten aufgrund der Verlegung eines sowjetischen Mahnmals von russischen Servern aus lahmgelegt.
Diese Digitalisierung ist ein normaler Bestandteil des Alltags, Datenschutzbedenken spielen praktisch keine Rolle. Fragt man nach den speziellen Bedingungen, unter denen dieser radikale gesellschaftliche Wandel in Estland stattfinden konnte, ist man auf Spekulationen angewiesen. Das Vakuum, das das verkrustete Sowjetregime hinterließ, eine technologische „Stunde Null" sozusagen? Die kleine Gesellschaft, die ein direktes, inniges Vertrauen in den eigenen Staat und die Mitbürger begünstigt? Das Vorbild des nördlichen Nachbarn mit der Erfolgsgeschichte der Firma Nokia? Wie auch immer die Antwort lautet: Man darf auf das nächste „e" in Estland gespannt sein.

071tn Abb.: ta

68 Ehrenmal (Maarjamäe memoriaal) ★ [dg]

Das Ehrenmal, das für die Opfer des Nationalsozialismus und speziell für die Verteidiger Tallinns errichtet wurde, entspricht den Geschmacksvorstellungen in totalitären Großmächten. **Gewaltige Mengen Beton und Gehwegplatten** formen eine Kunstlandschaft, die den einzelnen Besucher klein erscheinen lässt. Dabei ist das Gewirr kreuz und quer verlaufender Achsen, die sowohl durch die baulichen Elemente als auch durch die aufgeschütteten Erdhügel beschrieben werden, landschaftsarchitektonisch durchaus gelungen. Dass heute die meisten der Bodenplatten zerbröckeln und die dem Meer zugewandten Stufen als Picknickplatz dienen, macht das Erscheinungsbild der Anlage umso bizarrer.

Hinter dem Ehrenmal, auf der Wiese mit den verstreut aufgestellten Kreuzen, befindet sich der **ehemalige deutsche Soldatenfriedhof**. Er wurde von den Sowjets planiert und erst seit wenigen Jahren erinnert wieder ein Gedenkstein an diesen Ort. Man findet ihn, wenn man dem Weg unter der Skulptur hindurch folgt und dann rechts am künstlich angelegten Wäldchen vorbeigeht.

❯ am Pirita tee, Bus 1A, 8, 34A, 38 Viru keskus bis Maarjamägi

re. Einfach links ganz um das Schloss herumgehen.

Das Schloss selbst gehörte dem Grafen Anatoli Orlov-Davydov, der es im Jahr 1874 errichten ließ. Der **historistische Stil** und der massive Turm entsprachen dem Geschmack der Zeit. Bemerkenswert an dem Turm ist die quadratische Basis mit dem achteckigen Aufbau. Nach der Revolution musste die Familie ihr Sommerquartier aufgeben, bis nach verschiedenen Nutzungsversuchen das Historische Museum seit 1987 hier eine Bleibe gefunden hat.

🏛 **133** [dg] **Estnisches Geschichtsmuseum im Schloss Marienberg (Eesti Ajaloomuuseum Maarjamäe lossis),** Pirita tee 56, Bus 1A, 8, 34A, 38 Viru keskus bis Maarjamägi, Tel. 6968630, www.ajaloomuuseum.ee, geöffnet: Mi.–So. 10–17 Uhr, Eintritt: 4 €

◹ *Abgestellt im Hinterhof der Geschichte: Lenin-Statue beim Marienberger Schloss*

◿ *Das Ehrenmal aus der Sowjetzeit ist nicht mehr im besten Zustand*

09 **St.-Brigitten-Kloster**
(Pirita klooster) ★★   [ef]

Seit Jahrhunderten steht das St.-Brigitten-Kloster, das dem Stadtteil Pirita 66 *seinen Namen gab, schon in Ruinen und hat doch Besucher aller Zeiten fasziniert. Auch heute, archäologisch erforscht und aufbereitet, ist der Zauber der Klosterkirche nicht verloren gegangen.*

Wenn vom Brigittenkloster (auch: Birgitten-) in Tallinn die Rede ist, geht es in aller Regel um die Ruine des ehemaligen Brigittenklosters. Daneben gibt es seit 2001 einen Neubau mit einem aktiven Konvent und einem Gästehaus. Das alte Kloster wurde, nimmt man die Einweihung der Klosterkirche als Datum, **1436 hier gegründet.** Zentrum des Brigittenordens war und ist das schwedische

Abstecher: Viimsi und Paat

*Wer einen kleinen Ausflug aus der Stadt machen möchte, kann dies mit einem Fischessen bei Meerblick verbinden. Das Restaurant Paat (estn. für Boot) auf der Halbinsel Viimsi befindet sich in einem Haus, das aussieht wie ein umgedrehtes Boot. Draußen kann man hinter Glas praktisch **direkt am Meer sitzen.** Nebenan liegt das kleine Freilichtmuseum Viimsi und trägt zur ländlichen Atmosphäre bei. Solide Küche, aber es ist eben eher ein Ausflugs-*

*lokal als ein Feinschmeckerrestaurant. **Anfahrt:** Ab Pirita Klooster* 09 *Merivälja tee stadtauswärts. Diese wird zum Ranna tee, dann im ersten Kreisverkehr links auf Randvere tee, im nächsten Kreisverkehr noch einmal links auf Rohuneeme tee. An diesem liegt auch das Restaurant (Rohuneeme tee 53). Die Entfernung ab Pirita klooster beträgt 7,7 km. Die Anfahrt mit öffentlichen Verkehrsmitteln ist nicht empfehlenswert.*

Kloster Vadstena am Vätternsee, von dem die Initiative zur Gründung ausging. Nur durch günstige politische Konstellationen konnte das Kloster mit engen Verbindungen nach Schweden direkt vor den Toren der deutsch geprägten Stadt und an einem vorteilhaften Platz am Fluss errichtet werden. Die entscheidende Unterstützung kam vom Livländischen Orden, der den selbstbewussten Stadtbürgern gern ein Gegenwicht entgegensetzen wollte. Das Kloster gedieh schnell und war für rund anderthalb Jahrhunderte eine bedeutende religiöse Stätte der Region. In den 1480er-Jahren lebten hier 55 Nonnen. Die späteren Funde von Schmuck und Alltagsgegenständen zeugen von einer guten materiellen Ausstattung.

1577 wurde das Kloster im Livländischen Krieg **von russischen Truppen zerstört** und danach nicht wieder aufgebaut. Seitdem steht es in Ruinen und beflügelt romantische Fantasien. Schon im 19. Jh. war es ein Ausflugsziel und auf Postkarten und Gemälden zu finden. Gleichzeitig herrschte aber noch der praktische Sinn der lokalen Bevölkerung vor. Nachdem die Mauern der Nebengebäude schon seit Langem für neue Bauvorhaben abgetragen worden waren, befand sich noch in den 1930er-

Jahren auf Teilen der Wohngebäude ein Kartoffelacker und der Ernteertrag wurde im ehemaligen Heizungsschacht des Wohnbereichs der Äbtissin eingelagert.

Nach ersten Arbeiten Anfang des 20. Jh. wurden seit 1934 systematisch die vorhandenen Gebäudereste freigelegt, konserviert und erforscht. Heute können neben dem stehen gebliebenen Kirchenschiff die Grundmauern zahlreicher Nebengebäude besichtigt werden. Hinter dem Eingang überquert man den Friedhof mit dem Fundament einer sechseckigen Kapelle und Steinkreuzen, von denen das älteste auf 1612 datiert ist. In der **Kirche** sind die Säulenfundamente und Altarpodeste zu erkennen. An den Wänden sind Grabplatten vom Kirchenboden ausgestellt. Bemerkenswert ist ferner das unregelmäßige Loch im mittleren Segment des Giebels: Es ist ein Einschussloch, das ein abziehendes russisches Kriegsschiff 1941 hinterlassen hat. Rechts der Kirche schließt sich der Bereich des Mönchsklosters an, das aber unbedeutend blieb und von dem wenig erhalten ist. Alle wesentlichen Wirtschafts- und Wohngebäude des Nonnenklosters und der Äbtissin liegen links der Kirche. Ein Lageplan, der die Funktion der einzelnen Teile genauer erläutert, ist vor Ort erhältlich (in Englisch).

Das **neue Kloster** liegt dahinter. Der Eingang ist am anderen Ende des kleinen Parkplatzes, die Zufahrt erfolgt vom Kloostrimetsa tee. Wie bei anderen Bauprojekten in Tallinn ist es auch hier gelungen, eine konsequent moderne Architektur harmonisch in die Umgebung einzufügen. Erreicht wurde dies durch die Wahl des lokalen Kalksteins als Material und durch die Proportionen des Ge-

095tn Abb.: ta

Die heilige Birgitta von Schweden

*Die heilige Birgitta zählt zu den großen Frauenfiguren des europäischen Mittelalters. Sie entstammte einer hochgestellten Familie aus der Gegend von Uppsala und lebte von 1303 bis 1373, also rund zweihundert Jahre nach Hildegard von Bingen. Bereits aus ihrer Kindheit wird von Visionen berichtet. Nach dem frühen Tod ihres Mannes widmete sie ihr Leben der Religion und trat 1344 ins Kloster Alvastra am Vätternsee ein. Zu diesem Zeitpunkt hatte sie bereits **acht Kinder** geboren und Pilgerreisen ins norwegische Trondheim und nach Santiago de Compostela unternommen.*

*Aber ihr Tatendrang war ungebrochen: Sie gründete das Kloster Vadstena etwas nördlich von Alvastra und auch gleich einen neuen Orden, den Erlöserorden, dessen Zentrum Vadstena bis heute ist. Kurz darauf ging Birgitta nach Rom und entfaltete hier noch weiter reichende Aktivitäten auf höchsten diplomatischen Ebenen, beriet sogar den Papst. Kurz vor ihrem Tod unternahm sie eine Pilgerreise nach Jerusalem. Nach Schweden kehrte die energische Witwe nicht mehr zurück, aber ihre Wirkung als **Visionärin und frühe Frauenrechtlerin** hat die Jahrhunderte überdauert. Bereits 1391 heiliggesprochen, wurde sie 1999 von Johannes Paul II. zur Patronin Europas erhoben. Man kann eine gewisse Symbolkraft darin sehen, dass diese weitdenkende und weit gereiste Frau durch die Wiedereröffnung des Konvents in Tallinn wieder heimisch geworden ist.*

bäudes, die sich am historischen Vorbild orientieren. So ist die zur Straße zeigende Mauer des neuen Turms exakt an der Front der alten Klosterkirche ausgerichtet. Der Komplex besteht aus dem Konvent, einer öffentlich zugänglichen kleinen Kapelle und dem Gästehaus, das von den Nonnen betrieben wird. Diese führen nach 424 Jahren Pause die Tradition des Brigittenklosters in Tallinn weiter.

> **Ruinen des St.-Brigitten-Klosters (Pirita kloostri varemed)**, Kloostri tee 9, Bus 1A, 8, 34A, 38 Viru keskus bis Pirita, Tel. 6055044, www.piritaklooster.ee, geöffnet: Nov.–März 12–16, Apr./Mai, Sept./Okt. 10–18, Juni–Aug. 9–19 Uhr, Eintritt: 2 €

◁ *Die Klosterruine in Pirita ist der ideale Ort für einen Spaziergang*

🗐 Waldfriedhof (Metsakalmistu) ★

Der etwas außerhalb gelegene Waldfriedhof wird seinem Namen gerecht: ein stiller, schöner Friedhof in einem Kiefernwald. Wie für estnische Friedhöfe typisch sind die Gräber nicht in geometrischen Reihen angelegt, sondern lose und natürlich in die Landschaft eingebettet. Zahlreiche bedeutende estnische Persönlichkeiten liegen hier begraben, teilweise geordnet nach Berufsgruppen wie etwa Sportler oder Schriftsteller. Auch die **bedeutendsten Präsidenten Estlands**, Konstantin Päts und Lennart Meri, haben hier ihre letzte Ruhe gefunden.

Allemal spannend ist es, anhand der Namen auf den Grabsteinen die vielfältigen kulturellen Einflüsse in Estland nachzuvollziehen.

Fährt man auf dem Kloostrimetsa tee etwas weiter, gelangt man zum **Botanischen Garten.** Er bietet außer den obligatorischen Pflanzen eine schöne Parkanlage und ist außer speziell botanisch Interessierten auch all jenen zu empfehlen, die dem Kopfsteinpflaster und den engen Gassen entkommen wollen.

❯ Kloostrimetsa tee 36, Bus 34A und 38 Viru keskus bis Metsakalmistu

●134 **Botanischer Garten (Botaanikaaed),** Kloostrimetsa tee 52, Bus 34A und 38 Viru keskus bis Kloostrimetsa, www.botaanikaaed. ee, Tel. 6062679, Gelände: Okt.–April tägl. 9–17 Uhr, Mai–Sept. 10–20 Uhr, Gewächshäuser: Mai–Sept. tägl. 11–18 Uhr, Okt.–April tägl. 11–16 Uhr, Eintritt 3,50 €

❼ Fernsehturm (Teletorn) ⭐

Der Tallinner Fernsehturm genoss bis in die 1990er-Jahre einen **legendären Ruf.** Bei seiner Fertigstellung 1980 bedeutete die Errichtung des 314 m hohen Turmes eine erhebliche technische Leistung, dazu bot er ein Spitzenrestaurant und das Gefühl von Ferne und Abenteuer. Schließlich kann man von der Aussichtsplattform auf 170 m Höhe bei gutem Wetter bis Finnland sehen. Der Glanz verblasste allerdings zusehends. Am Ende hatte das Restaurant sogar einen zweifelhaften Ruf, schließlich wurde der Turm geschlossen.

Heute ist der Turm nach längerer Renovierung wieder geöffnet – als Touristenattraktion mit Gastronomie und der Möglichkeit, in 175 m Höhe einen „EdgeWalk" genannten Außenspaziergang zu machen.

Eine prominente Rolle spielte der Turm in der **Umbruchphase 1991.** Hier fand der letzte Versuch sowjettreuer Truppen statt, die Loslösung Estlands aus der Sowjetunion zu verhindern. Anders als bei dem ähnlichen Geschehen in Vilnius und Riga ging die Konfrontation unblutig zugunsten der Esten aus.

❯ Kloostrimetsa tee 58A, www.teletorn.ee, Tel. 6863005, täglich 10–19 Uhr, im Winter 11–18 Uhr, Di. geschlossen, Eintritt: 7 €, Bus 34A und 38 Viru keskus bis Teletorn

❼ Lasnamäe ⭐ [eh]

Lasnamäe ist bei Weitem der **bevölkerungsreichste Stadtteil Tallinns.** Hier wohnen mehr als ein Viertel aller Tallinner, rund 117.000 von 430.000 Einwonern. Zum Vergleich: Tartu (Dorpat), die zweitgrößte Stadt Estlands, hat weniger als 100.000 Einwohner. Der Kern Lasnamäes liegt östlich von Kadriorg, entlang der sechsspurig in den baltischen Kalkstein gesprengten Laagna tee, die auch als *karjäär* bekannt ist. Nördlich und südlich reihen sich Plattenbauten in schier endloser Folge aneinander.

Eine Schönheit ist der Stadtteil sicher nicht und auch kein Touristenziel im üblichen Sinn. Er ist vielmehr ein Monument städtebaulichen Größenwahns sowjetischer Prägung. Ende der 1970er-Jahre musste schnell und billig Wohnraum in großem Stil bereitgestellt werden, nicht zuletzt für die dann noch einmal verstärkt angesiedelten russischen Arbeitskräfte. Noch heute stellt der russische Bevölkerungsteil die Mehrheit der Einwohner Lasnamäes.

Die Infrastruktur ist gemessen an der Einwohnerzahl schwach ausgeprägt. Viele Projekte, wie die Anbindung an das Tramnetz, sind nie realisiert worden. Dennoch ist das Bild gemischt. Lasnamäe ist **kein verwahrlostes Ghetto:** Hier wohnen junge Familien, es werden neue Geschäfte eröffnet, Häuser und Schulen renoviert. Wer sich ein Bild vom wahren Leben in Tallinn machen will, sollte einen Abstecher nach Lasnamäe in Betracht ziehen.

Hier **einige Vorschläge,** wie man sich einen Eindruck verschaffen kann: Vom Lauluväljak **65** kommend steigt man am oberen Ausgang des Geländes an der Narva mnt in den Bus 19 oder 35 und fährt bis zur Haltestelle Kalevipoja. Nach dem Aussteigen muss man ein kurzes Stück zurückgehen und biegt dann links in die Paekaare-Straße ein. So gelangt man nach kurzer Zeit zum Pae-Markt (Pae turg). Alternativ kann man auch die J. Smuuli überqueren und folgt dem Kalevipoja põik bis zum Kotka keskus (Kotka-Einkaufszentrum).

Wer aus der Innenstadt kommt, steigt an der Haltestelle Kunstiakadeemia (Gonsiori-Straße, Ecke A. Laikmaa) in einen Bus der Linien 67 oder 68 und fährt bis zur Haltestelle Kotka kauplus oder Laagna. Im ersten Fall gelangt man über die Treppe zum bereits erwähnten Einkaufszentrum, im zweiten Fall entsprechend zum Laagna-Einkaufszentrum. In allen Zentren findet man einen speziellen Ladentyp: Zahlreiche kleine Stände teilen sich eine Art Markthalle. Das **Warenangebot ist äußerst bunt:** Lebensmittel, Schmuck, Kleidung, Haushaltswaren und vieles mehr gibt es hier. Bei den russischen Kuchenverkäuferinnen bekommt man günstig Leckereien.

Um wieder zurückzukommen, muss man eine der Brücken überqueren und steigt anschließend auf der anderen Seite der Schnellstraße wieder in den Bus ein.

⑦ Kalamaja ★ [B2]

Der Stadtteil Kalamaja, wörtlich „Fischhaus", auf Deutsch früher auch als Fischermai bezeichnet, grenzt im Nordwesten an die Altstadt. Bekannt ist die Gegend für die große Zahl klassischer Holzhäuser, von denen einige schon restauriert sind, andere aber praktisch Ruinen. Kalamaja war bis in die jüngste Zeit keine bevorzugte Wohngegend. Doch mittlerweile tut sich etwas (s. Nord-Tallinn im Wandel, S. 48) Ein Rundgang ist wegen der charmanten Häuser und der Stimmung, die von ihnen ausgeht, zu empfehlen. Der Stadtteil geht zurück auf ein Fischerdorf aus dem 13. Jh. Wenn auch der **Bezug zur Fischerei** geblieben ist, hat Kalamaja als Stadtviertel seinen Charakter erst im 19. Jh. erhalten, als sich im Zuge der Industrialisierung und durch den Anschluss an die Eisenbahn hier Arbeiter ansiedelten. Die ältesten Häuser stammen aus der Mitte des 19. Jh. In der Zeit der Estnischen Republik galt Kalamaja als schönes Wohngebiet der kleinen Leute. Krieg und Besatzung haben aber auch hier ihre Spuren hinterlassen, zumal sich die Konservierungsbemühungen lange Zeit auf die Altstadt konzentrierten.

Erst seit den 1980er-Jahren gab es ein wachsendes Bewusstsein für die Schönheit und den Wert der **alten Holzhäuser.** Zwei typische Bauformen prägen das Viertel: das ältere, einfachere Lender-Haus (benannt nach dem Architekten), ein zweistöckiges, schlichtes Holzhaus mit mittig platzierter Eingangstür. Zu seiner Zeit, am Anfang des 20. Jh., stellte dieser Haustyp mit Wasseranschluss und Toilette einen echten Fortschritt dar. Seit den 1920er-Jahren wurden die Häuser im erweiterten, sogenannten Tallinn-Stil gebaut. Diese konnten auch dreistöckig sein, mussten aber zur Verbesserung des Brandschutzes ein gemauertes Treppenhaus in der Mitte haben. Häuser des ersten Typs findet man z. B. in der Soo- und der Tööstuse-Straße, Häuser des zweiten Typs in der Salme- (gegenüber dem großen Kulturzentrum) und der Kungla-Straße.

Eine einfache Route durch das Viertel führt vom Hafen kommend die Soo entlang, dann links die Salme herunter und wieder links auf die Kopli, entlang der Straßenbahnschienen zurück zum Balti jaam **28**. Wenn man von dieser Seite zum Bahnhof durchgeht, kommt man am Jaama turg vorbei, einer Mischung aus Flohmarkt, Wochenmarkt und Schrottplatz. Wer sich zwischendurch gefragt hat, ob es in Tallinn eigentlich noch die **spezifische Ostblockatmosphäre** gibt, die auf westliche Besucher mitunter eine gewisse Faszination ausübt, findet hier die Antwort.

74 Estnisches Freilichtmuseum (Eesti Vabaõhumuuseum) ★★★ [ai]

Am westlichen Rand Tallinns liegt das Estnische Freilichtmuseum, in dem das bäuerliche Leben vergangener Jahrhunderte zum Leben erweckt wird. Eingebettet in einen weitläufigen Landschaftspark und direkt an der Bucht von Kopli gelegen, ist dies der perfekte Ort zum Ausspannen.

Das Gebiet, das heute zum Museum gehört, wird auch **Rocca al Mare** genannt. So taufte es sein italienverliebter, deutschbaltischer Vorbesitzer nach einem Findling an der Küste. Auf über 80 ha Fläche werden in dem Museum Bauernhäuser der letzten 250 Jahre gezeigt, dazu Windmühlen,

KLEINE PAUSE

Boheem

Unweit des Jaama turg findet man im Stadtteil Kalamaja bei der Tramhaltestelle Telliskivi in einem Holzhaus ein Café, das leckere Pfannkuchen, Salate, Suppen und Frühstück bietet. Wie der Name andeutet, ist das Café eher unkonventionell, ein Treffpunkt für Bohemiens. Unschlagbar günstig.

❯ **Boheem** (s. S. 29), Kopli 18, Tel. 6311928, www.boheem.ee, Mo.–Fr. 9–23 Uhr, Sa./So. 10–23 Uhr

eine Schule, Fischerkaten, die älteste Holzkapelle Estlands und ein Kolonialwarenladen. Auch eine typisch estnische Schaukel – ähnlich einer Schiffsschaukel – wie man sie in Dörfern findet, gibt es hier.

In der historischen Kneipe Kolu kõrts bekommt man traditionelle Spezialitäten und ein herzhaftes Bier. In den Häusern werden im Sommer auch traditionelle Handwerkstechniken und historische Trachten vorgeführt. Wer zufällig am Vorabend des Johannistags (23. Juni, abends) in Estland ist, hat hier eine gute Möglichkeit die **Mittsommerfeierlichkeiten** als Tourist zu erleben. Auf jeden Fall lohnt sich der Spaziergang durch die schöne Anlage im Grünen als Abwechslung zum Pflastertreten. Wegen der Anfahrt sollte man einen halben Tag einplanen.

❯ Vabaõhumuuseumi tee 12, Rocca al Mare, Bus 21 und 21B Balti jaam bis Rocca al Mare oder City-Tour-Bus, Tel. 6549100, www.evm.ee, geöffnet: tägl. 10–18 (im Winter sind die Gebäude mit wenigen Ausnahmen nicht zur Besichtigung geöffnet), das Gelände 10–20 Uhr, im Winter 10–17 Uhr, Eintritt: 6 €

Praktische Reisetipps

102tn Abb.: kw

An- und Rückreise

Ohne Flugzeug ist Tallinn schwer zu erreichen, mit jedem anderen Verkehrsmittel braucht man mehr als einen ganzen Tag. Die Flugzeit ab Frankfurt beträgt dagegen kaum mehr als zwei Stunden.

Mit dem Flugzeug

Die Situation bei den Direktflügen ändert sich ständig, sodass die unten angegeben Linien nur eine erste Orientierung bieten sollen. Aber auch mit Zwischenstopp hat man von anderen Orten eine gute Verbindung, etwa ab Hamburg mit SAS (www.flysas.com).

> **Estonian Air**, Tel. 6401160, www.estonian-air.ee. Die estnische Fluggesellschaft Estonian Air fliegt ab München direkt nach Tallinn.

> **Lufthansa**, www.lufthansa.com. Die Lufthansa bietet Direktflüge nach Tallinn ab Frankfurt an.

> **Ryanair**, www.ryanair.com. Ryanair fliegt direkt ab Bremen und Weeze.

Der **Tallinner Lennart-Meri-Flughafen** liegt sehr günstig nur etwa 3 km vom Zentrum entfernt. Die Innenstadt ist leicht und schnell sowohl mit den Buslinien 2 und 90K als auch mit dem Taxi zu erreichen.

● **135** [dj] **Tallinner Flughafen (Tallinna Lennujaam)**, Tartu mnt 101, Tel. 6058888, www.tallinn-airport.ee

Mit dem Auto

Die Anfahrt nach Tallinn mit dem Auto dürfte wohl nur im Rahmen einer längeren Tour in Frage kommen. Die Entfernung ab Kassel beträgt immerhin rund 1900 km und erfordert etwa 24 Stunden reine Fahrzeit.

Mit dem Bus

Die Busfahrt dauert rund 30 Std. und ist sicher nicht jedermanns Sache. Dafür lernt man schon unterwegs Land und Leute kennen, günstig ist es obendrein.

> **Eurolines/Deutsche Touring**, www.eurolines.de. Der deutsche Teil des europaweiten Fernbusnetzes.

● **136** [ci] **Busbahnhof (Bussijaam)**, Lastekodu 46, www.tpilet.ee, Tel. 12550, Mo.–Sa. 6.30–21 Uhr, sonntags 6.45–21 Uhr

Mit der Fähre

Wenn man das eigene Auto dabei haben, aber nicht den ganzen Weg fahren möchte, ist eine **kombinierte Auto- und Fährreise** eine gute Lösung. Die Anfahrt dauert zwar recht lange, ist aber entspannend. Entweder fährt man mit Finnlines von Rostock oder Travemünde nach Helsinki (27–36 Std. Fahrzeit) und wechselt dann auf eine Fähre nach Tallinn (1,5–3,5 Std.) oder man fährt über Dänemark nach Stockholm und von dort mit der Fähre nach Tallinn (16 Std.). Auch eine Anreise über Klaipėda, Liepāja oder Ventspils ist möglich. Die jeweils aktuell verfügbaren Verbindungen kann man z. B. auf www.ferrylines.com abfragen. Der Tallinner Hafen liegt nah zur Altstadt und zum Stadtzentrum.

> **Finnlines**, www.finnlines.com. Fährreisen Travemünde oder Rostock–Helsinki

> **Linda Line**, www.lindaline.fi. Expressfähren zwischen Helsinki und Tallinn

◁ *Vorseite: Vom Passagierhafen, wo sich auch die Kreuzfahrtschiffe ein Stelldichein geben, ist es nur ein kurzer Fußweg in die Altstadt*

Ausweis für Kinder
Seit 2012 benötigen auch Kinder von
0 bis 16 Jahren für eine Auslands-
reise **eigene Ausweispapiere** (Kinder-
reisepass/Reisepass). Der Eintrag im
Pass der Eltern ist nicht länger gültig.

› **Tallinner Hafen (Tallinna Sadam),**
  Sadama 25, Tel. 6318550,
  www.portoftallinn.com
› **Tallink Silja,** www.tallinksilja.com.
  Fährreisen Stockholm–Tallinn und
  Helsinki–Tallinn
› **Viking Line,** www.vikingline.ee.
  Fährreisen Helsinki–Tallinn

Mit dem Zug

Eine Anreise per Zug ist prinzipiell
möglich, aber aufgrund einer fehlen-
den Direktverbindung im Baltikum
eher unpraktisch. Dies könnte sich
aber in den nächsten Jahren im Zuge
des geplanten Ausbaus der „Rail
Baltica" ändern.

Autofahren

In Tallinn selbst **braucht man kein
Auto,** die meisten Entfernungen sind
kurz. Auch wenn der Verkehr insgesamt zivil ist, kann es zu Stoßzeiten
recht eng und hektisch werden. Lediglich für etwas außerhalb gelegene Ziele kann es sinnvoll sein, das
Auto mitzunehmen, aber selbst das
Freilichtmuseum und Pirita, die am
weitesten entfernten Ziele in diesem
Buch, sind problemlos mit öffentlichen Verkehrsmitteln zu erreichen.
Wer das Auto im Rahmen einer längeren Tour dabei hat oder partout nicht
darauf verzichten will, sollte einige
Besonderheiten beachten:

Verkehrsregeln

› **Immer mit Abblendlicht** fahren!
› **Geschwindigkeitsbegrenzungen:**
  innerorts 50 km/h, 90/100/110 km/h
  außerorts, je nach Straße und Jahreszeit
› Vom 1. Dezember bis zum 1. März
  müssen **Winterreifen** benutzt werden.
› Es gilt die **0-Promille-Grenze.** Die Strafen
  für Alkohol und Drogen am Steuer sind
  sehr hoch.
› Im Auto grundsätzlich mitgeführt
  werden müssen: Erste-Hilfe-Koffer,
  Warndreieck, Unterlegkeil und
  Feuerlöscher.
› Wenn man ein Auto fährt, das nicht auf
  einen der Mitreisenden zugelassen ist,
  sollte man eine **Vollmacht des Halters**
  mitführen.
› Das grüne Ahornblatt an oder in
  manchen estnischen Autos kennzeichnet
  Fahranfänger.
› Eine **grüne Versicherungskarte** sollte
  mitgeführt werden.
› Es gibt in Tallinn viele **Zebrastreifen,**
  auch über mehrspurige Straßen, bei
  denen jedoch häufig die Markierungs-
  streifen vollständig abgerieben sind. Wer
  selbst Auto fährt, sollte daher sehr aufmerksam auf die Schilder am Straßen-
  rand achten. Estnische Autofahrer res-
  pektieren die Zebrastreifen und bremsen
  mitunter sogar recht abrupt.

Parken

› Das Parken in der Tallinner Innenstadt
  kostet zwischen einem und knapp fünf
  Euro pro Stunde. Bezahlen muss man
  Mo.–Fr. 7–19, Sa. 8–15 Uhr. **Parken in
  der Altstadt ist immer kostenpflichtig.**
  Wer schon im Voraus einen Parkplatz in
  der Stadt organisieren oder sich genauer
  über das Parken in Tallinn erkundigen
  möchte, findet auf der Internetseite www.
  parkimine.ee ausführliche englischsprachige Informationen.

075tn Abb.: ta

> Die **Bußgelder** sind saftig, falsch parken ist also nicht zu empfehlen.
> Es gibt **Parktickets,** die man bei den R-Kiosken im Voraus kaufen kann. Das System ist aber sehr kompliziert, besser einen Parkautomaten suchen. Von estnischen Telefonen kann man auch per SMS bezahlen.
> Auf **gelben Flächen** ist das **Parken verboten,** auf blauen kostenpflichtig (was aber nicht heißt, dass es kostenlos ist, wenn eine Stelle nicht blau markiert ist!).
> Da das Bezahlen im **Parkhaus** am leichtesten ist und ein Auto mit ausländischem Kennzeichen dort sicher steht, ist dies eine gute Parkmöglichkeit. Zentral gelegene Parkhäuser befinden sich z. B. beim Viru keskus **56** und unter dem Vabaduse väljak **47**.
> Über Nacht empfiehlt es sich, dass Auto auf einem **bewachten Parkplatz** oder auf einem geschlossenen Gelände abzustellen. Am besten erkundigt man sich noch vor der Anreise nach einer Unterkunft mit entsprechender Abstellmöglichkeit.

⌂ *Das Schild warnt, dass man vor diesem Tor nicht parken sollte*

Tanken

> Die **Benzinpreise** sind ca. 20 % niedriger als in Westeuropa und Skandinavien.
> Super entspricht E95 und Super plus E98.
> An vielen Tankstellen gibt es **Tankautomaten.** Diese können erfahrungsgemäß Probleme mit EC-Karten bereiten.
> In Tallinn findet man einige Tankstellen in der Hafengegend.

Notrufnummern

> **Polizei** *(Politsei):* Tel. 110
> **Notruf** *(Kiirabi):* Tel. 112
> **Estnischer Automobilklub:** Tel. 1888. Im Falle einer Panne kann die Notnummer des estnischen Automobilklubs rund um die Uhr angerufen werden.
> **ADAC-Notruf im Ausland:** +49 89 222222, 24 Std. erreichbar

Autovermietungen

Es gibt in Tallinn zahlreiche Autovermietungen, sowohl Ableger internationaler Firmen als auch lokale Anbieter. Beim Automieten ist zu beachten, dass manchmal zwei Jahre Fahrerfahrung und/oder ein Mindestalter gefordert werden.

> **Advantec,** Tatari 56 (nach Vorbestellung auch im Flughafen), Tel. 6671500, www.advantage.ee
> **Avis,** Pärnu mnt 141, Tel. 6671515, www.avis.ee
> **Budget,** Pärnu mnt 141 und am Flughafen, Tel. 6058223 , www.budget.ee
> **Easy Car Rent,** Ahtri 12, Tel. 6454044, www.easycarrent.ee
> **Hertz,** Ahtri 12 und am Flughafen, Tel. 6116333, www.hertz.ee
> **Sirrent,** Juhkentali 11, Tel. 6614353, www.sirrent.ee.
> **Sixt,** Tornimäe 5 und am Flughafen, Tel. 6058148, www.sixt.ee
> **Yes Rent,** Kuninga 8, Tel. 6806086, www.yesrent.ee

Barrierefreies Reisen

Insgesamt ist das Reisen für Rollstuhlfahrer in Tallinn **nicht einfach.** Niederflurbusse sind noch kein Standard, die Bürgersteigkanten hoch und die Pflastersteine in der Altstadt sehr uneben. Hinzu kommt, dass viele Ho-

tels, Museen und andere Einrichtungen in der Altstadt in so alten Häusern untergebracht sind, dass deren behindertengerechter Umbau entweder aufwendig wäre oder gar unmöglich ist.

Dennoch gibt es in der letzten Zeit ein Bemühen, die Situation zu verbessern. Auf jeden Fall sollte man sich vorher gründlich informieren. Einen Ansatzpunkt dazu gibt es hier:

> **http://liikumisvabadus.invainfo.ee:** Die auch englischsprachige Internetseite hilft Menschen, die im Rollstuhl sitzen oder sonst in ihrer Bewegung eingeschränkt sind, herauszufinden, ob eine Sehenswürdigkeit, ein Hotel, ein Museum usw. zugänglich ist. Zum Teil findet man auch Auskunft über entsprechende Toiletten, einen Parkplatz oder einen Aufzug.
> **http://soiduplaan.tallinn.ee:** Auf der auch deutschsprachigen Internetseite findet man Fahrpläne für Busse, Straßenbahnen und O-Busse. Die Fahrten, bei denen Niederflurbusse eingesetzt werden, sind ausgewiesen. Die Türen älterer Busse sind zum Teil sehr eng und hoch!

Tallinn Card

Mit der Tallinn Card erhält man kostenlosen Eintritt und Vergünstigungen für fast 100 Orte - Museen, Stadttouren, Autovermietungen, Restaurants und Cafés, Geschäfte, Schwimmbäder und Verkehrsmittel.

Die Karte gibt es für 24, 48 und 72 Std. zu Preisen von 24-40 €. Dazu gehört auch eine Infobroschüre mit den Angeboten und allen relevanten Zusatzinformationen. Kaufen kann man sie bei der Touristen-Information, in

vielen Hotels, bei Poststellen, Reisebüros, bei CityBike, am Flughafen (Post und Reisebüros), am Hafen (R-Kiosk, auch auf den Fähren) und am Busbahnhof.

Praktisch ist auch die im Preis enthaltene Nutzung der öffentlichen Verkehrsmittel. Die Tallinn Card fungiert gleichzeitig als Smartcard (s. S. 127). Ob sich die Karte finanziell lohnt, hängt davon ab, was man besuchen möchte.

> *www.tourism.tallinn.ee/ger/fpage/ tallinncard*

Diplomatische Vertretungen

- **Botschaft der Bundesrepublik Deutschland in Tallinn,** Toom-Kuninga 11, 15048 Tallinn, Tel. 6275300, Fax 6275304, www.tallinn.diplo.de
- **Österreichische Botschaft in Tallinn,** Vambola 6, 5. Stock, 10114 Tallinn, Tel. 6278740, Fax 6314365, www.bmeia.gv.at/botschaft/tallinn
- **Schweizerisches Generalkonsulat in Tallinn,** c/o Trüb Baltic AS, Laki 5, 10621 Tallinn, Tel. 6581133, Fax 6581139, www.eda.admin.ch/eda/de/home/reps/eur/vest/afoest.html, die zuständige Botschaft ist jene in Riga.

Tallinn preiswert

- *Beim Mittagessen kann man auf das **Tagesgericht** (päevapraad) zurückgreifen, das häufig zwischen 12 und 15 Uhr angeboten wird und bei dem man für rund 5 € satt werden kann.*
- *Viele **Museen** bieten an einigen Tagen im Jahr **freien Eintritt.** Informationen findet man auf den Internetseiten der jeweiligen Museen.*
- *Jeden Sa. und So. ab 16 Uhr kann man in der Nikolaikirche 44 mit der Eintrittskarte des Museums für eine halbe Stunde **Orgelmusik** genießen („Orelipooltund").*
- *Jeden Mo. um 18 Uhr findet in der Heiliggeistkirche 15 ein **kostenloses Konzert** („Muusikatund") statt.*
- *Jeden Sa. um 12 Uhr bietet auch die Domkirche 36 die Möglichkeit, kostenlos eine halbe Stunde lang **Orgelmusik** zu hören („Orelipooltund").*
- *Jeden Tag um 12 Uhr startet beim Travellerzelt ein kostenloser Stadtrundgang auf Englisch (s. S. 122).*

Geldfragen

Die Geldautomaten heißen entweder *pangaautomaat* (Bankautomat) oder *sularahaautomaat* (Bargeldautomat). Die größten Banken vor Ort sind Swedbank und SEB. Kreditkarten werden meistens akzeptiert. Mit EC-Karten kann es – selten – Probleme geben, selbst wenn das Maestro-Zeichen am Geschäft ist.

Das **Preisniveau** ist in den letzten Jahren kontinuierlich gestiegen und steigt seit der Einführung des Euro weiter rasch an. Manche Artikel, wie etwa Markenkleidung, sind teurer als in Deutschland. In einigen Cafés und Restaurants kann ein Stück Torte auch schon mal 5 Euro oder mehr kosten. Andererseits ist es durchaus möglich, recht günstig über die Runden zu kommen, wenn man beim Essen und bei Unterkünften keinen Wert auf Luxus legt. Der Eintritt in Museen und andere öffentliche Einrichtungen ist günstig, ebenso wie der öffentliche Nahverkehr. Auch die Taxipreise sind vergleichsweise niedrig.

Informationsquellen

Infostellen in der Stadt

ℹ137 [E4] **Kartenvorverkauf Piletilevi,** www.piletilevi.ee. Unter anderem in den Einkaufszentren Viru, Stockmann in sowie Statoil-Tankstellen und im Postimaja (s. S. 19) gibt es Kartenvorverkaufsstellen für Konzerte, Theateraufführungen, Sportereignisse, Festivals ...

ⓘ**138** [C4] **Touristeninformation in der Altstadt (Vanalinna turismiinfokeskus),** Niguliste 2/Kullassepa 4, Tel. 6457777, www.tourism.tallinn.ee/ger, Mai–Mitte Juni Mo.–Fr. 9–19 Uhr, Sa./So. 9–17 Uhr, Mitte Juni–Ende August Mo.–Fr. 9–20, Sa./So. 10–18 Uhr, Sept.–April Mo.–Fr. 9–18, Sa./So. 9–15 Uhr. Die Touristen-Information gibt Auskunft zu Unterkunft, Veranstaltungen, Stadtführungen, Transport etc. Auch die Tallinn Card ist hier erhältlich. Es können aber keine Unterkünfte gebucht oder Restauranttische reserviert werden, auch Konzert- und Theaterkarten sowie Fahrscheine gibt es hier nicht zu kaufen.

ⓘ**139** [C4] **Traveller,** Ecke Niguliste/Harju, Tel. 58374800, www.traveller.ee. In den Sommermonaten geöffnet. Nette Anlaufstelle speziell für Jüngere und Rucksackreisende. Es werden auch eigene, alternative Touren angeboten.

Tallinn im Internet

❯ www.tallinn.ee: Die offizielle Seite der Stadt. Wählt man Deutsch als Sprache, gelangt man zu www.tourism.tallinn.ee (s. u.). Auf Englisch dagegen findet man hier weiterführende Informationen alles Offizielle betreffend.

❯ www.tourism.tallinn.ee: Umfangreiche, informative und recht übersichtliche Seite zu allem, was Reisende interessiert. Auch auf Deutsch.

❯ www.visitestonia.com: Die offizielle Seite der Estnischen Tourismusförderung. Recht allgemeine, aber solide Informationen.

Publikationen und Medien

Einfache **Innenstadtpläne** sind kostenlos an vielen Stellen zu bekommen, an denen auch andere Broschüren ausliegen. Wer es genauer wissen will, bekommt für wenig Geld in jedem Buchladen die hervorragenden Stadtpläne von E.O.Map oder Jana Seta.

Verbreitete **kostenlose Informationsblätter** sind z. B. „In your pocket" oder „The Baltic Guide". Sie sind neben vielen anderen Broschüren in Cafés, Hostels und an ähnlichen Plätzen zu finden, liegen allerdings nur auf Englisch vor.

Die **englischsprachige Zeitung Baltic Times** berichtet über das politische, wirtschaftliche und kulturelle Leben in den drei baltischen Ländern.
❯ www.baltictimes.com

Schließlich berichtet die Internetzeitung **Baltische Rundschau** u. a. über Ereignisse aus Estland.
❯ www.baltische-rundschau.eu

⌃ *Das Traveller-Zelt bietet nützliche Infos*

Internet und Internetcafés

Mit draht- und kostenlosem Internet ist Tallinn **fast zu 100 %** abgedeckt. Hotels bieten in der Regel einen kostenlosen Internetanschluss im Zimmer an, teilweise sogar einen eigenen PC. Auch Hostels haben fast immer einen allgemein zugänglichen Rechner zur Verfügung. Deswegen gibt es vergleichsweise wenige Internetcafés. Die in Estland übliche Bezeichnung für WLAN ist WiFi.

> **Café Bestseller** (s. S. 29)

@140 [F5] **Internetcafé im Einkaufszentrum Stockmann** (Stockmanni kaubamaja internetikohvik), Liivalaia 53, Mo.–Sa. 9–21 Uhr, So. 10–21 Uhr. In der ersten Etage des Einkaufszentrums.

Medizinische Versorgung

Der Standard der medizinischen Versorgung entspricht dem in den deutschsprachigen Ländern. Ein Großteil der Versorgung wird von Polikliniken abgedeckt, in denen das gesamte Spektrum medizinischer Leistungen angeboten wird. Alle Personen, die in einem EU-Land oder der Schweiz versichert sind, können erforderliche Leistungen bei Ärzten, Zahnärzten und in Krankenhäusern in Anspruch nehmen. Als Anspruchsnachweis ist die **Europäische Krankenversicherungskarte** (European Health Insurance Card) vorzulegen. Außerdem sollte man den Personalausweis mitnehmen.

Eine zusätzliche **Auslandskrankenversicherung** ist außerdem sinnvoll, da beispielsweise ein eventueller Krankenrücktransport von den deutschen Krankenkassen nicht übernommen wird. Man muss damit rechnen, dass die Kosten vor Ort zunächst selbst bezahlt werden müssen, des-

Unsere Literaturtipps

> *Sabine Schmidt (Hg.),* **Tallinn.** *In der Reihe „Europa erlesen" wurde diese schöne Sammlung von Texten unterschiedlicher Gattungen über Tallinn veröffentlicht, die zusammen genommen eine erste Annäherung an die Stadt erlauben.*

> *Werner Bergengruen,* **Der Tod von Reval.** *Der Autor beschwört in gewählter Sprache die Tiefe der Geschichte und die besondere Atmosphäre der Stadt, indem er alte Geschichten in seinen Erzählungen verarbeitet. Lesenswert.*

> *Zigmantas Kiaupa u. a.,* **Geschichte des Baltikums.** *Eigentlich ein Schulbuch, bietet das handliche Werk einen gut lesbaren Einstieg in die baltische Geschichte. In Tallinn ist das Buch vielerorts erhältlich.*

> *Gert von Pistohlkors (Hg.),* **Deutsche Geschichte im Osten Europas: Baltische Länder.** *Das Standardwerk zum Thema.*

> *Karsten Brüggemann, Ralph Tuchtenhagen,* **Tallinn: Kleine Geschichte der Stadt.** *Sehr gute deutschsprachige Darstellung der Stadtgeschichte.*

> *Apotheken haben kein einheitliches Symbol, sind aber trotzdem nicht schwer zu erkennen*

079n Abb.: ta

halb unbedingt eine detaillierte Rechnung für die Krankenkasse zu Hause ausstellen lassen. Es gibt in Estland eine Art Praxisgebühr.

➕**141** [bk] **Kinderkrankenhaus (Tallinna Lastehaigla)**, Tervise 28, Mustamäe, Bus 17 und 17A Estonia bis Lastehaigla, Tel. 6977113, Notfall 6977194, www.lastehaigla.ee

➕**142** [ci] **Ost-Tallinner Zentralkrankenhaus (Ida-Tallinna Keskhaigla)**, Ravi 18, Bus 16 Estonia bis Keskhaigla, Tel. 6227070, Notfall 6207040, www.itk.ee

➕**143** [B5] **Zahnarztpraxis (Tallinna Hambapolikliinik)**, Toompuiestee 4, Tel. 6121200, www.hambapol.ee, geöffnet: Mo.–Fr. 8–20 Uhr, in Notfällen auch Sa. 9–16, So. 9–15 Uhr

› **Notruf (Kiirabi)**, Tel. 112

› **Hausärztliches Notfall-Info-Telefon (Perearsti nõuandetelefon)**, Tel. 6304107. Rund um die Uhr kann bei leichteren Problemen die hausärztliche Notfallnummer angerufen werden. Vom Festnetz aus sind die ersten fünf Minuten kostenlos. Je nach diensthabendem Arzt kann man hier auch mit Englisch weiterkommen.

Apotheken sind überall in der Stadt zu finden, so etwa im Viru keskus **56**, im Solaris-Zentrum (s. S. 20) und direkt am Rathausplatz **11**.

Mit Kindern unterwegs

Die Esten können als **kinderfreundlich** gelten, häufig gibt es Spielecken und andere Angebote für Kinder. Lediglich das grobe Pflaster und die geringe Verbreitung von Niederflurbussen können mit Kinderwagen ein Hindernis sein. Hier einige Ideen, was man unternehmen kann, wenn die Stimmung zu kippen droht:

› **Miia-Milla-Manda-Museum** (s. S. 37), direkt vor dem Museum befindet sich ein großer Spielplatz. Hier kann man viel Zeit verbringen, es gibt Spielgeräte für kleine und etwas größere Kinder. Das Café des Museums kann man auch besuchen, ohne Eintritt zu bezahlen, Schuhe ausziehen nicht vergessen!

🅂**144** [D3] **Kalev Spa Wasserpark (Kalev Spa Veekeskus)**, Aia 18, Tel. 6493370, www.kalevspa.ee, geöffnet: tägl. 6.45–21.30, Sa./So. 8–21.30 Uhr, Eintritt: Familienkarte für 2,5 Std. für 2 Erwachsene und 3 Kinder 39 €

⬤**145** [C4] **City Train Tallinn**, Tel. 58877742, 11–20 Uhr. Kinder und Erwachsene können mit dem Zug die Altstadt erkunden. Dieser startet seine Reise alle 20 Minuten zwischen 11 und 20 Uhr in der Kullassepa-Straße.

Notfälle

› **Notruf Polizei:** Tel. 110
› **Notruf allgemein:** Tel. 112

Verlorene Kredit- oder EC-Karten sollte man sofort beim zentralen **Sperr-Notruf** unter Tel. 0049 116116 melden. Details unter www.sperr-notruf. de. Es empfiehlt sich trotzdem, vor der Reise die individuellen Kartensperrnummern (auf Merkblatt bzw. Kartenrückseite) zu notieren.

› **Infos:** www.kartensicherheit.de

In Österreich und der Schweiz gibt es keine zentrale Sperrnummer, daher sollten sich Besitzer von in diesen Ländern ausgestellten Maestro-(EC-) oder Kreditkarten vor der Abreise bei ihrem Kreditinstitut über den zuständigen Sperr-Notruf informieren. Generell sollte man sich immer die wichtigsten Daten wie Kartennummer und Ausstellungsdatum separat notieren.

Öffnungszeiten

Generell sind die Öffnungszeiten in Estland **länger als in Deutschland**, allerdings geht es morgens etwas später los. Große Supermärkte haben sieben Tage die Woche geöffnet, häufig von 9 bis 22 oder 23 Uhr. Kleinere Geschäfte in der Altstadt haben meist die ganze Woche geöffnet, aber kürzer. Die zentralst gelegene Poststelle hat in der Woche bis 20 Uhr, Banken haben von 10 bis 18 Uhr geöffnet. Bei Museen kann man Zeiten von 10 oder 11 Uhr bis 17 oder 18 Uhr erwarten, montags oder dienstags sind sie in der Regel geschlossen. Bei sehr kleinen Einrichtungen können die Zeiten natürlich abweichen, manche öffnen nur auf Anfrage. **Achtung:** Alkohol darf in Supermärkten zwischen 22 Uhr und 10 Uhr nicht verkauft werden.

Post

Karten und Standardbriefe nach Europa kosten 1 €. Deutschland heißt auf Estnisch *Saksamaa,* Österreich *Austria,* die Schweiz *Šveits* (sprich: Schwäiz).

✉ **146** [E3] **Tallinner Post (Tallinna postkontor),** Narva mnt 1, geöffnet: 8–20, Sa. 9–15 Uhr, geschl.: So.

O8Qtn Abb.: ta

Radfahren

Radfahren ist eine gute Option, um die etwas entfernteren Stadtteile zu erkunden, z. B. Pirita. Dort, aber nur dort, gibt es auch Radwege. Für die Innenstadt ist das Fahrrad aufgrund der geringen Entfernungen nicht erforderlich, in der Altstadt ist wegen des Kopfsteinpflasters und der Enge gar davon abzuraten. Insgesamt darf man nicht mit allzu viel Rücksichtnahme rechnen. An Zebrastreifen, insbesondere über mehrspurige Straßen, sollte man aufmerksam die Reaktion der Autofahrer beobachten.

● **147** [D2] **City bike Fahrradverleih (Jalgrattarent Citybike),** Uus 33, Tel. 5111819, www.citybike.ee, geöffnet: Mai–Sept. tägl. 9–19 Uhr, Okt.–April 9–17 Uhr, im Nov. auf Anfrage. Fahrräder, auch für Kinder, Tandems, Kindersitze, Radtouren

Schwule und Lesben

Insgesamt ist die Akzeptanz von Homosexualität in der Öffentlichkeit in Tallinn weniger stark ausgeprägt als in vielen westeuropäischen Großstädten. Dennoch gibt es auch in Estland mittlerweile eine lebhafte öffentliche Debatte über das Thema und eine aktive Szene. Diese trifft sich in einigen Lokalen, von denen das bekannteste die X-Baar ist:

➊148 [C5] **X-Baar,** Tatari 1, Tel. 6440121, www.xbaar.ee, So.–Do. 16–1 Uhr, Fr./ Sa. 16–3. Etabliertes Lokal der Szene mit zwei Bars, Raucherraum, Billardtisch und Tanzfläche. Freitags und samstags Disco.

Außerdem gibt es ein Infozentrum:
●149 [C5] **Infozentrum OMA keskus,** Kaarli pst 5-1, Tel. 55515817, www.omakeskus.ee, Mo.–Mi. 14–17, Do./Fr. 14–20 Uhr und jeden dritten Sa. im Monat 12–18 Uhr. Hier ist auch die „Tallinn gay map" erhältlich.

Sicherheit

Tallinn ist eine sichere Stadt, die Vorsichtsmaßnahmen beschränken sich auf den üblichen Rahmen. Hotels und Hostels bieten immer Schließfächer an. Einige Taxifahrer lassen es sich teurer bezahlen, wenn der Kunde Ausländer ist und dazu vielleicht noch angetrunken. Man kann vorher fragen, was die gesamte Fahrt kostet, oder die am Auto angegebenen

Kilometer-Preise vergleichen. Des Weiteren wird über Fälle berichtet, in denen sichtbar betrunkene Touristen in den Morgenstunden Opfer von Raubüberfällen wurden, auch in der Altstadt. Wer sich nicht in solche Situationen begibt, hat aber nichts dergleichen zu befürchten. Wer mit dem Auto unterwegs ist, sollte dieses auf einem **bewachten Parkplatz** abstellen und Wertsachen mitnehmen.
➤150 [bh] **Polizei (Politsei),** Kolde pst 65, Tel. 6125400

Sprache

Englisch ist sicherlich die Sprache der Wahl für die meisten Reisenden. Die Englischkenntnisse der Esten sind häufig sehr gut. **Deutsch** ist noch relativ stark verbreitet, auch bei den Älteren, verlassen kann man sich darauf jedoch nicht. Wer **Russisch** beherrscht, kann damit mit den Angehörigen der russischen Minderheit, aber auch mit älteren Esten kommunizieren. Jüngere Esten beherrschen das Russische meist nicht. In Hotels, Restaurants und anderen touristischen Einrichtungen kann man mit guten Fremdsprachenkenntnissen rechnen. Broschüren und Speisekarten liegen üblicherweise in mehreren Sprachen vor. Museen haben meistens auch eine englische Beschilderung, aber nicht unbedingt eine deutsche.

LITERATURTIPP

Literaturtipp Estnisch

Wer sich näher mit der Sprache befassen möchte, dem sei folgender Kauderwelsch-Band empfohlen:
❭ Irja Grönholm: „Estnisch – Wort für Wort", Kauderwelsch Band 55, REISE KNOW-HOW Verlag

◁ *Briefkästen sind in Estland orangefarben*

103tn Abb.: kw

Stadttouren

Es gibt eine Reihe von Anbietern von geführten Stadttouren für unterschiedliche Zielgruppen. Da die Angebote je nach Jahreszeit und Sprache abweichend sind, erkundigt man sich am besten im Touristenbüro, auf den Internetseiten der folgenden Anbieter oder auf www.tourism.tallinn.ee.

› **City Bike,** Uus 33, Tel. 511 1819, www.citybike.ee. Mit der Firma City Bike kann man Tallinn mit dem Fahrrad im Rahmen verschiedener thematischer Touren kennenlernen.

› **City Sightseeing Tallinn,** Tel. 6558328, www.citysightseeing.ee. Hop-on-hop-off-Touren in offenen Doppeldeckerbussen. Routen und Zeiten auf der deutschen Internetseite.

› **Reisiekspert,** Estonia pst 3 und Roosikrantsi 8B, Tel. 6108616, www.reisiekspert.ee. Diese Firma bietet die offiziellen Stadttouren in Tallinn an. Die etwa zweieinhalbstündige Tour führt zuerst mit dem Bus nach Kadriorg, zum Lauluväljak und nach Pirita, danach wird die Altstadt zu Fuß erkundet.

› **Tallinn City Tour,** Tel. 6279080, www.citytour.ee. Drei verschiedene Hop-on-hop-off-Stadtrundfahrten in Doppeldeckerbussen. Routen und Zeiten sind auf der Internetseite zu finden (Seite auch auf Deutsch).

› **Traveller,** Tel. 58374800, www.traveller.ee. In den Sommermonaten gibt es an der Ecke Niguliste- und Harju-Straße [C4] ein Zelt, in dem vor allem Rucksackreisende die passenden Informationen über Tallinn bekommen und an alternativen Stadtführungen teilnehmen können. Mit dem Fahrrad werden Kadriorg, Pirita und Kopli erkundet. Wer aufs Geld gucken muss, kann einen kostenlosen Stadtrundgang mitmachen. Außerdem im Angebot: eine Nachtführung durch Pubs, Lounges und Nachtklubs.

Telefonieren

Da Estland ein kleines Land ist, gibt es **keine Städtevorwahlnummern.** Das heißt, die in diesem Buch angegebenen Nummern müssen lediglich um die nationale Vorwahl 00372 ergänzt werden, wenn man von zu Hause aus anruft.

Ländervorwahlnummern:
> nach Deutschland: 0049
> nach Österreich: 0043
> in die Schweiz: 0041
> nach Estland: 00372

Da praktisch alle Esten Mobiltelefone haben, gibt es keine öffentlichen Telefone mehr. Wer telefonieren muss und kein eigenes Telefon dabei hat, ist also z. B. auf Hotels angewiesen. Die Benutzung des eigenen **Mobiltelefons** ist problemlos möglich. Je nach Vertrag kann es durch Roaming- und Auslandsgebühren natürlich teuer werden. Wer viel telefonieren will, kann sich eine Prepaid-Karte von einem lokalen Anbieter kaufen (sofern das eigene Telefon nicht mit einem SIM-Lock versehen ist). Das Startpaket mit der SIM-Karte kostet etwa ab 3 Euro. Mobilfunkanbieter sind z. B. EMT, Elisa und Tele2. Am besten informiert man sich vor Ort über aktuelle Angebote und Tarife. Mobilfunkgeschäfte findet man im Viru keskus **56**.
> Auskunft: Ekspress Hotline Tel. 1182

Uhrzeit

> In Estland gilt die **Osteuropäische Zeit (OEZ)**, d. h., dass die Uhren gegenüber der mitteleuropäischen Zeit um eine Stunde vorgehen.
> Die Sommerzeitregelung ist EU-weit und in der Schweiz einheitlich.

Unterkunft

Hotels

> **151** [ch] **City Hotel Portus** $^{€-€€}$, Uus-Sadama 23, im Hafen, neben dem D-Terminal, Tel. 6806600, Fax 6806601, www.portus.ee. Das Hotel besticht durch seine günstigen Preise. Kein Luxus, aber alles ist freundlich und sauber. Von der Sauna hat man einen tollen Blick auf die Altstadt, die in Gehentfernung liegt. Das Bistro-Restaurant im Haus ist ebenfalls gut und günstig. Zimmer für Behinderte und Allergiker.
> **152** [ch] **City Hotel Tallinn** $^{€€}$, Paldiski mnt 3, am Fuß des Dombergs gelegen, Tel. 6600700, Fax 6601888, www.uniquecityhotel.com. Einfache, ruhige und ordentliche Zimmer. Man bezahlt nur für das, was man wirklich haben möchte: Tägliches Zimmer säubern, frische Handtücher und Frühstück müssen extra bestellt und bezahlt werden. Dadurch im besten Sinne preiswert. Die Rezep-

Preiskategorien

€	bis 50 €
€€	50–70 €
€€€	70–100 €
€€€€	100–150 €
€€€€€	ab 150 €
(Preis gilt für DZ und Nacht)	

◁ *Nicht nur für Kinder ein Erlebnis: eine Fahrt mit dem City Train Tallinn durch die Altstadt (s. S. 119)*

EXTRATIPP

Online billiger buchen
Bei Hotels gibt es häufig einen
Rabatt, wenn man direkt über die
Internetseite des Hotels bucht.

tion befindet sich nebenan im Hotel von
Stackelberg.

153 [B2] **Economy Hotell** €-€€,
Kopli 2c, Tel. 6678300, www.economy
hotel.ee. Überschaubares, einfaches,
ordentliches und freundliches Hotel. Wer
günstig wohnen will und keinen Luxus
braucht, ist hier genau richtig. Die Bahnhofsgegend mag nicht eben vertrauenerweckend wirken, dürfte aber tatsächlich nicht besonders unsicher sein. Die
Altstadt ist zu Fuß zu erreichen und eine
Straßenbahnhaltestelle ist vor der Tür.

154 [D3] **Hotel Cru** €€€€, Viru 8,
Tel. 6117600, www.cruhotel.eu. Sehr
günstige Lage mitten in der Altstadt.
Schönes, freundliches Hotel in einem
mittelalterlichen Kaufmannshaus mit
besonderer Atmosphäre und verwinkelten Fluren. Die Zimmer sind unterschiedlich und liebevoll eingerichtet. Zum Hotel
gehört das Restaurant Cru.

155 [C2] **Ilmarine Hotel** €€-€€€,
Põhja pst 21b, zwischen Hafen und
Bahnhof gelegen, Tel. 6140900,
Fax 6818879, www.pkhotels.eu. Ori-
ginell designtes Hotel in einer ehema-
ligen Maschinenfabrik. Integriert ist ein
Bereich mit Mini-Apartments, die für
Familien besonders zu empfehlen sind.
Behinderten- und Allergikerzimmer, Sau-
nabereich. Die Umgebung ist im Dunkeln
nicht sehr vertrauenerweckend, aber der
Weg in die Altstadt kurz.

156 [ci] **Kreutzwald Hotel** €€€-€€€€,
Endla 23, Tel. 6664800, www.kreutz
waldhotel.com. Gehobenes, geschmack-
voll eingerichtetes Hotel unweit des
Dombergs. Mit Spa, Restaurant und
Terrasse.

157 [C3] **Meriton Old Town Garden** €€€,
Pikk 29 und Lai 24, Tel. 6648800, www.
meritonhotels.com. Verwinkeltes, kleineres Hotel in sehr guter Altstadtlage. Das
mittelalterliche Haus ist geschmackvoll
renoviert worden, der Service ist freundlich. Achtung: Die Zimmer der Economy-
klasse sind sehr klein

158 [C4] **My City Hotel** €€€-€€€€,
Vana-Posti 11/13, am Rande der Altstadt gelegen, Tel. 6220900, www.
mycityhotel.ee. Ordentliche Zimmer,
gute Lage, um das Tallinner Nachtleben
zu erkunden, Sauna und Restaurant.

159 [dh] **Oru** €€€, Narva mnt 120B,
in Kadriorg, gegenüber Sängerfestplatz,
Tel. 6033300, Fax 6012600, www.
oruhotel.ee. Modernes, sehr ordentliches Dreisternehotel. Mit Parkplatz. All-
ergiker- und Behindertenzimmern sowie
Suiten mit Sauna. Nicht zentral, aber mit
dem Auto gut zu erreichen.

160 [E5] **Radisson Blu Hotel
Olümpia** €€€€, Liivalaia 33, im neuen
Zentrum, Tel. 6315333, www.radisson-
blu.com. Großes Hotel, das zur Olympi-
ade 1980 fertiggestellt wurde. Schicke,
moderne Zimmer, die sogar über Kaffee-
maschinen verfügen, teilweise auch mit
Badewanne. Die Atmosphäre ist nicht so
persönlich, aber der Blick aus den höhe-
ren Stockwerken dafür hervorragend.
Im Erdgeschoss gibt es eine Galerie der
prominentesten Gäste. Im Hotel befindet
sich das Café Boulevard.

161 [C4] **Savoy Boutique** €€€€-€€€€€,
Suur-Karja 17/19, am Rande der Altstadt gelegen, Tel. 6806688, Fax
6806689, www.savoyhotel.ee. Gedie-
gene Einrichtung im Art-déco-Stil und
denkmalgeschützter Fahrstuhl. Gehobene estnische Küche im angeschlosse-
nen Restaurant Mekk. Zimmer für Allergi-
ker und Behinderte.

162 [E4] **Sokos Hotel Viru** €€€-€€€€,
Viru väljak 4, Tel. 6809300, www.sokos
hotels.fi. Sehr großes, von außen nicht

eben schönes Hotel, das in der Sowjetzeit geradezu legendär war. Heute nach umfassender Renovierung wegen der hervorragenden Lage und des guten Service zu empfehlen.

🏨**163** [C5] **St. Barbara** €€€–€€€€, Roosikrantsi 2A, unweit des Freiheitsplatzes gelegen, Tel. 6400040, Fax 6400041, www.stbarbara.ee. Empfehlenswertes 3-Sterne-Hotel mit guter Lage für Alt- und Neustadt. Restaurant Baieri Kelder im Haus. Allergikerzimmer, Zimmer für Reisende mit Tieren, Familienzimmer. Parkmöglichkeit vorhanden.

🏨**164** [D3] **Taanilinna** €€€€, Uus 6, am Rand der Altstadt gelegen, Tel. 6406700, Fax 6806601, www. tallinnhotels.ee. Stilvolles Hotel mit gemütlicher Einrichtung und freundlichem Service. Parkplatz kann mitreserviert werden.

🏨**165** [E2] **Tallink Spa & Conference Hotel** €€€€, Sadama 11A, im Hafen, in der Nähe des A-Terminals, Tel. 6301000, Fax 6301010, www.tallinkhotels.com. Großes Hotel mit modernem, witzigem Retrodesign. Mehrere Pools und Saunen, Familienzimmer, Themensuiten.

🏨**166** [D3] **Telegraaf** €€€€€, Vene 9, Tel. 6000600, www.telegraafhotel.com. In dem edlen Hotel mitten in der Altstadt erinnert alles an die ehemalige Funktion des Gebäudes als Telegrafenhauptamt: Die Zimmer sind mit historischen Telefonen ausgestattet und die Suiten heißen nach berühmten Erfindern im Fernmeldewesen. Ansonsten gibt es alles, was das Herz begehrt, einschließlich des feinen Restaurants Tchaikovsky und einer Tiefgarage.

🏨**167** [D2] **The Three Sisters** €€€€€, Pikk 71/Tolli 2, Tel. 6306300, Fax 6306301, www.threesistershotel.com. Eines der wenigen Hotels, die gleichzeitig eine berühmte Sehenswürdigkeit sind. Es befindet sich in drei mittelalterlichen Kaufmannshäusern „Drei Schwes-

tern" **㉒** . Eine der feinsten Adressen in Tallinn.

🏨**168** [ch] **Von Stackelberg** €€€€, Toompuiestee 23, Tel. 6600700, www.vonstackelberghotel.com. Am Fuß des Dombergs in der ehemaligen Stadtresidenz des baltischen Barons von Stackelberg gelegenes Hotel. Freundliche Atmosphäre, stilvolle Einrichtung und Zimmer, die zur Hofseite sehr ruhig sind. Alle Zimmer mit PC. Restaurant-Café La Bohème mit französischer Küche. Die gehobene Zimmerklasse heißt „ZEN".

Gästehäuser

📷**169** [ef] **Pirita kloostri külalistemaja** €€, Merivälja tee 18, Tel. 6055000, Fax 6055010, www.osss.ee. Das Gästehaus des Brigittenklosters in Pirita (s. S. 105) verbindet die stille Atmosphäre eines Klosters mit einem modernen, freundlichen Gästehausbetrieb. Im architektonisch ansprechenden Neubau in grüner Umgebung befinden sich – getrennt vom eigentlichen Kloster – saubere, helle, schlichte Zimmer (alle mit eigener Dusche und WC). Umzäunter, geschlossener Parkplatz. Direkte Busverbindung ins Zentrum (ca. 15 Min.). Nicht die alltägliche Unterkunft und sicher nichts für Partytouristen, sonst aber unbedingt empfehlenswert.

📷**170** [dh] **Poska Villa** €–€€, Jaan Poska 15, Tel. 6013601, Fax 6013754, www.hot.ee/poskavilla. Im Stadtteil Kadriorg in einem Holzhaus vom Anfang des 20. Jh. gelegen, bietet die Poska Villa einfache, aber freundliche Zimmer in netter Atmosphäre. Auch die Umgebung mit altem Baumbestand und großem Garten ist reizvoll. Betrieben wird das Gästehaus von einem gemeinnützigen Verein, der damit Altenarbeit finanziert. Eine warme Empfehlung für Gäste jeden Alters. Geschlossener Parkplatz vorhanden.

Hostels

171 [C5] **Euphoria** €, Roosikrantsi 4, Tel. 58373602, http://euphoria. traveller.ee. Größeres Hostel mit künstlerisch-alternativem Touch. Im großen Gemeinschaftsraum kann zusammen musiziert werden, internationaler Austausch ist hier selbstverständlich. Die Lage in der Nähe des Vabaduse väljak ist günstig. Die eher unscheinbare Eingangstür liegt im Durchgang zum Hof, auf der rechten Seite.

172 [F4] **Hotel G 9** €–€€, Gonsiori 9, Tel. 6267130, Fax 6267132, www.hotelg9. ee. Nicht die schönste, aber praktische Lage in der Innenstadt, nicht zu weit von der Altstadt. Nennt sich Hotel, ist aber vom Standard eher ein Hostel, eine kleine, einfache Unterkunft im 2. Stock. Frühstück wird in einem nahe gelegenen Café angeboten (nicht inklusive).

173 [D3] **Old house** €, Uus 26, Tel. 6411281, Fax 6411464, www.old house.ee. In einer ruhigen Ecke am Rand der Altstadt in einem alten Haus gelegen. Gemütliches, familiäres Hostel mit lockerer Atmosphäre, kleinem Frühstücksraum und einfachen, aber schönen Zimmern. Für verschiedene Altersgruppen zu empfehlen. Fahrradverleih gegenüber. Neben dem Hostel liegt auch ein Guesthouse, das über die gleiche Rezeption vermietet wird. Parkplätze und Internetzugang vorhanden.

174 [B3] **Olematu Rüütel** €€, Kiriku põik 4a, Tel. 6313827, www.olematu. ee. Neben Café und Restaurant gibt es bei Olematu Rüütel auch einige einfache, aber saubere Gästezimmer. Eine Sauna steht zur Verfügung. Empfehlenswert auch wegen der besonderen Lage auf dem Domberg und des herzlichen Service.

175 [ci] **Teko Hostel** €, Lastekodu 13, am Zentralmarkt und in der Nähe des Fernbusbahnhofs gelegen, Tel.

6811352, www.teeninduskool.ee/ hostel. Einfache, aber sehr saubere und ordentliche Zimmer. Von außen scheint das Haus aus der Sowjetzeit nicht einladend, aber davon sollte man sich nicht abschrecken lassen. Betrieben wird das Hostel von Absolventen der Hotelfachschule Tallinn. Internet, Frühstücksraum, kostenlose Parkplätze, nur Barzahlung.

176 [C3] **The Flying Kiwi Backpackers** €, Nunne 1 , Tel. 58213292, www.flying kiwitallinn.com. Nettes, kleineres Hostel in unschlagbarer Lage am unteren Ende des Pikk jalg **31**. Lockere, internationale Atmosphäre. Zwei- bis Achtbettzimmer, Gemeinschaftsbad und -küche. Den Eingang kann man leicht übersehen: eine einfache Eingangstür, beim entsprechenden Schild klingeln.

177 [C5] **The Purple Goblin** €, Pärnu mnt 27, Apartment 5, Tel. 54564127, www.thepurplegoblin.com. Nettes, kleines Travellerhostel, nah am Freiheitsplatz. Freundliche, Englisch sprechende Besitzer.

Apartments

178 [C3] **Old house apartments** €€–€€€€€, Rataskaevu 16, Tel. 6411464, Fax 6411604, www.oldhouse.ee. 29 Apartments mit 26–135 m² für 1–8 Personen sind über die ganze Altstadt verteilt. In unterschiedlichen Stilen eingerichtet, aber alle gut ausgestattet mit Küche, teilweise mit Kamin, Sauna, Whirlpool und kostenlosem WLAN. Kostenlose Parkplätze stehen zur Verfügung. Komfortables Wohnen im Herzen Tallinns als Alternative zum Hotel.

179 [D3] **Villa Hortensia** €€–€€€€, Vene 6, im Meistrite Hoov, Tel. 5046113, www.hoov.ee. Individuell gestaltete Apartments in verwinkeltem Altbau. Viel Charakter und tolle Umgebung.

Verhaltenstipps

Bei aller Vorsicht vor Verallgemeinerungen: Die Esten sind wortkarg, zurückhaltend, distanziert und auf den ersten Blick manchmal sogar etwas unfreundlich. Es gilt, **etwas Abstand** zu halten, nicht zu nahe zu treten, im direkten wie im übertragenen Sinn. Esten begrüßen sich nicht mit einer Umarmung. Auch Händeschütteln ist nur im Geschäftsleben üblich.

Ansonsten sind die Verhaltensweisen kaum anders als z. B. in Deutschland. **Zwei Tabus** müssen aber erwähnt werden. Erstens zieht man beim Betreten einer estnischen Wohnung die Schuhe aus, d. h., man geht tatsächlich mit Schuhen nie weiter als in den Flur. Auch in öffentlichen Spielecken wird dies erwartet. Zweitens putzt man sich niemals geräuschvoll in der Öffentlichkeit die Nase.

Da Esten gern und großzügig Gastgeschenke machen, freuen sie sich auch, wenn sie selbst welche bekommen, z. B. Blumen oder Pralinen.

Verkehrsmittel

Die Innenstadt Tallinns kann man **am besten als Fußgänger** erschließen. In der Altstadt und auf dem Domberg gibt es ohnehin keine Alternative dazu. Auch Kadriorg und Kalamaja sind problemlos zu erreichen, wenn man halbwegs gut zu Fuß ist.

Bus und Straßenbahn

Für alle anderen Ziele stehen Straßenbahnen und Busse zur Verfügung. Es gibt auch einige Linien mit Oberleitungsbussen.

Der öffentliche Nahverkehr ist für Tallinner kostenlos. Damit kontrol-

liert werden kann, wer in Tallinn registriert ist, wurde das gesamte Fahrkartensystem auf die sog. **Smartcard** umgestellt, auf der auch die persönlichen Daten gespeichert sind. Für Besucher der Stadt folgt daraus, dass der Zugang zu Bus- und Tramfahrkarten etwas ungewöhnlich ist:

Einzelfahrscheine kann man nur beim Fahrer kaufen. Eine Fahrt kostet 1,60 €. Man muss passend und in bar bezahlen. Das Ticket gilt nur für eine Strecke und in dem Verkehrsmittel, in dem man sie gekauft hat. Wenn man mehrfach fährt, wird das recht bald unpraktisch. Alternativ kann man sich auch als Tourist eine **Smartcard** ausstellen lassen. Man bekommt sie z. B. in Poststellen. Darauf lädt man dann ein Guthaben und bezahlt pro Stunde 1,10 € oder erwirbt ein Tagesticket (3 €) oder ein Dreitagesticket (5 €), was deutlicher praktischer ist. Für die Karte muss eine Pfandgebühr von 2 € hinterlegt werden. Man muss die Karte immer bei jedem Einstieg vor das Lesegerät halten und sich für die Fahrt registrieren.

Eine andere praktische Möglichkeit, die öffentlichen Verkehrsmittel zu benutzen, ist die **TallinnCard** (s. S. 115). Sie gewährt zusätzliche Rabatte und freie Eintritte, kostet aber auch mehr. Welche Variante günstiger ist, hängt davon ab, was man machen will.

Kinder im Vorschulalter und Erwachsene, die Kinder unter drei Jahren begleiten, fahren kostenlos.

Der **zentrale Knotenpunkt** für den städtischen Busverkehr liegt unter dem Viru keskus **56**.

28 [B3] **Bahnhof (Balti jaam),** Toompuiestee 37, Fahrpläne unter: www.elron.ee. Es verkehren z. B. Züge nach Tartu, Viljandi, Valga, Narva und Pärnu, außerdem nach Moskau.

> **Busbahnhof (Bussijaam)** (s. S. 112), Lastekodu 46, Tel. 12550, www.tpilet. ee, geöffnet: tägl. 6.30–21 Uhr. Von hier starten Busse in die anderen Städte Estlands, aber auch internationale Linien.

> **Öffentliche Verkehrsmittel (Ühistransport),** http://soiduplaan. tallinn.ee. Fahrpläne des öffentlichen Nahverkehrs: Busse, O-Busse und Straßenbahnen.

> **Tallinn Transport – timetables:** Mithilfe der kostenlosen Android-App können sämtliche Abfahrtszeiten der öffentlichen Verkehrsmittel abgefragt werden.

Taxi

Die **Taxipreise** sind im Vergleich zu Westeuropa durchaus akzeptabel, können sich aber von Firma zu Firma erheblich unterscheiden. Selten gibt es Berichte über **betrügerische Praktiken** der Fahrer. Wer sich vor überhöhten Preisen schützen will, kann sich extra ein bestimmtes Taxi bestellen, statt eines auf der Straße anzuhalten, oder vorher fragen, was eine bestimmte Strecke kosten soll. Unserer Erfahrung nach vertrauenswerte Firmen sind z.B.:

> **Krooni takso,** Tel. 1212 oder 6381212
> **Reval Takso,** Tel. 1207 oder 6014600
> **Tallink Takso,** Tel. 1921 oder 6408921
> **Tulika Takso,** Tel. 1200 oder 6120000

Wetter und Reisezeit

Die Hauptsaison in Estland ist kurz, die eigentlichen **Sommermonate** sind Juli und August, auch der Juni kann schon schön sein. Der September ist der regenreichste Monat, aber immerhin noch mild, danach wird es kalt, und das bleibt so bis April, erst im Mai wird es wieder milder. Ein besonderes Erlebnis sind die **langen Nächte** um den Johannistag (24. Juni) herum, also die Zeit der Sommersonnenwende. Auch den ganzen Juli über ist es sehr lange hell. Die beste Zeit zum Baden in der Ostsee ist im August. Im Sommer haben viele Esten frei und die meisten Touristen kommen. Die Stadt ist am lebendigsten – oder auch überfüllt, je nach Einordnung.

Umgekehrt ist es um die Weihnachtszeit früh dunkel und stiller. Viele Einrichtungen haben im **Winter** verkürzte Öffnungszeiten. Dennoch hat Tallinn dann einen eigenartigen Reiz, besonders bei Schnee. Die ganze Altstadt ist in ein gedämpftes Licht getaucht und die Cafés wirken noch gemütlicher. Wer im Winter nach Tallinn reist, sollte sich entsprechend ausrüsten, denn Temperaturen von unter –20 °C sind in Tallinn nicht ungewöhnlich.

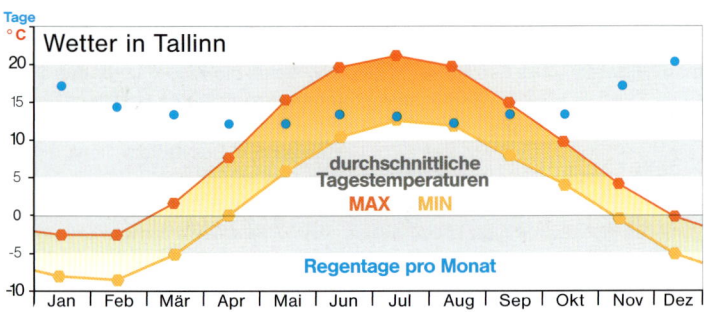

Wetter in Tallinn

durchschnittliche Tagestemperaturen
MAX **MIN**

Regentage pro Monat

| Jan | Feb | Mär | Apr | Mai | Jun | Jul | Aug | Sep | Okt | Nov | Dez |

Anhang

005tn Abb.: hr

Kleine Sprachhilfe

Estnisch gilt als schwierig und ganz falsch ist diese Einschätzung nicht. Aber mit einigen wichtigen Begriffen kommt man bereits besser durch den Reisealltag.

Aussprache

> Estnische Wörter werden immer auf der ersten Silbe betont.
> Alle Laute werden kurz gesprochen, Doppelbuchstaben lang.
> õ entspricht in etwa dem sehr offen gesprochenen „e" am Ende von „Seite".
> š entspricht sch.
> ž entspricht dem zweiten „g" in „Garage".
> h wird zwischen Vokalen als eigener Laut deutlich mitgesprochen. Am Wortende oder vor Konsonanten wird es als ch gesprochen. Die Aussprache des „ch" ergibt sich wie im Deutschen automatisch aus dem Zusammenhang: in „ehtne" wie in „echt", in „vaht" wie in „Wacht".

◁ *Vorseite: Der Autor mit Anhang unterwegs im Park in Kadriorg* ⑤⑨

▽ *Dieses Schild verkündet auf Estnisch und Russisch, dass es frischen Fisch zu kaufen gibt*

MÜÜGIL
VÄRSKE KALA
В ПРОДАЖЕ
СВЕЖАЯ РЫБА

084tn Abb.: ta

> s wird stimmlos wie in „Essen" gesprochen.
> v wird wie w ausgesprochen.
> r wird als stark gerolltes Zungen-r gesprochen.
> eu, ei, ie werden als getrennte Laute gesprochen.

Zu Straßennamen und Wochentagen siehe Seite 15 bzw. Seite 14.

Die wichtigsten Wörter

tere päevast	Guten Tag
tere	Hallo
nägemist	Auf Wiedersehen
vabandust	Entschuldigung
palun	Bitte
tänan	Danke
jah	Ja
ei	Nein
Minu nimi on ...	Ich heiße ...

Schilder

sissepääs	Eingang
väljapääs	Ausgang
avatud	geöffnet
suletud	geschlossen
keelatud	verboten
suitsetamine keelatud	Rauchen verboten
tualett, WC	Toilette
kingad jalast	Schuhe ausziehen

Notfälle

Appi!	Hilfe!
politsei	Polizei
arst	Arzt
kiirabi	Notarzt
haigla	Krankenhaus
apteek	Apotheke

Geld

sularahaautomaat, pangaautomaat	Geldautomat
rahavahetus	Wechselstube
krediitkaart	Kreditkarte
Kui palju maksab ...?	Wie viel kostet ...?
tasuta	kostenlos

+++ NEU: Die wichtigsten Wörter mit dem Bonus-Audiotrack des Kauderwelsch-

tasuline	kostenpflichtig
hind	Preis
sooduspilet	ermäßigte Eintritts-/Fahrkarte

Unterwegs

Kus on ...?	Wo ist ...?
keskus	Zentrum
kirik	Kirche
maja	Haus
turg	Markt
pood, kauplus	Geschäft
buss	Bus
tramm	Straßenbahn
troll	Oberleitungsbus
takso	Taxi
üüriauto	Mietwagen
pilet	Fahrschein
peatus	Haltestelle
bussijaam	Busbahnhof
rongijaam	Bahnhof
lennujaam	Flughafen
(reisi)sadam	(Passagier-)Hafen

Übernachten

tuba	Zimmer
ühekohaline	Einbett ...
kahekohaline	Zweibett ...
duši ja WC-ga	mit Dusche und WC

Essen

menüü	Speisekarte
Head isu!	Guten Appetit!
Terviseks!	Zum Wohl!
Arve, palun!	Die Rechnung bitte.
hommikusöök	Frühstück
lõunasöök	Mittagessen
õhtusöök	Abendessen
päevapraad	Tagesgericht
eelroog, eelroad	Vorspeise, -n
supp, supid	Suppe, -n
pearoog, pearoad	Hauptgericht, -e
praad	Tellergericht
magustoit	Süßspeise
sealiha	Schweinefleisch

loomaliha	Rindfleisch
lambaliha	Lammfleisch
kana	Hühnchen
seened	Pilze
kala	Fisch
leib	Brot
sai	Weißbrot
kartul	Kartoffel
makaronid	Nudeln
riis	Reis
pirukas	Pirogge
kapsa ...	Weißkohl ...
porgandi ...	Karotten ...
viineri ...	Würstchen ...
liha ...	Hackfleisch ...
seene ...	Pilz ...
kook	Kuchen
komm	Praline
vorst	Wurst
juust	Käse
muna	Ei
sool	Salz
pipar	Pfeffer
vesi	Wasser
piim	Milch
õlu	Bier
valge vein	Weißwein
punane vein	Rotwein
kohv	Kaffee
... piimaga	mit Milch
... suhkruga	mit Zucker
must ...	schwarz
viin	Wodka

Weitere Speisen s. S. 24.

Zahlen

üks	eins
kaks	zwei
kolm	drei
neli	vier
viis	fünf
kuus	sechs
seitse	sieben
kaheksa	acht
üheksa	neun
kümme	zehn

AusspracheTrainers auf PC oder Smartphone lernen (siehe Umschlag hinten) +++

Kauderwelsch bei REISE KNOW-HOW
Sprachführer und AusspracheTrainer

Estnisch – Wort für Wort

I. Grönholm

978-3-89416-806-3

160 Seiten │ Band 55

Umschlagklappen mit Aussprachehilfen und wichtigen Redewendungen, Wörterlisten Estnisch – Deutsch, Deutsch – Estnisch

7,90 Euro [D]

AusspracheTrainer Estnisch

I. Grönholm

978-3-8317-6164-7

Ca. 60 Min. Laufzeit

Die wichtigsten estnischen Vokabeln und Floskeln aus dem Reisealltag Muttersprachler sprechen vor, mit Nachsprechpausen und Kontrollwiederholungen

7,90 Euro [D]

Im Kauderwelsch Sprachführer sind Grammatik und Aussprache einfach und schnell erklärt. Wort-für-Wort-Übersetzungen machen die Sprachstruktur verständlich und helfen, das Sprachsystem kennenzulernen. Die Kapitel sind nach Themen geordnet, um sich in verschiedenen Situationen zurechtfinden und verständigen zu können – vom ersten Gespräch bis zum Arztbesuch. In einer Wörterliste sind die wichtigsten Vokabeln alphabetisch einsortiert und ermöglichen so ein rasches Nachschlagen. Einige landeskundliche Hinweise runden diesen handlichen Sprachführer ab.

www.reise-know-how.de

Register

Liste der Karteneinträge

Liste der Karteneinträge

Liste der Karteneinträge

Hier nicht aufgeführte Nummern
liegen außerhalb der abgebildeten Karten. Ihre Lage kann aber wie bei allen Ortsmarken im Buch mithilfe unserer Kartenansichten unter Google Maps™ gefunden werden (s. S. 142).

Die Autoren

Thorsten Altheide studierte Politikwissenschaft und Geschichte in Göttingen und Uppsala. Nach zahlreichen Reisen durch Nord- und Osteuropa fand er in Tallinn, wo er ein Jahr lang lebte und regelmäßig auf Recherche unterwegs ist, die perfekte Verbindung dieser beiden Regionen. Wenn er nicht gerade auf der Suche nach den besten Piroggen der Stadt ist, arbeitet er als Verlagsredakteur.

Heli Rahkema ist gebürtige Tallinnerin. Nach dem Studium der Geschichte in Tartu und Göttingen hat sie in Deutschland eine neue Heimat gefunden. Auf ihren Reisen in die alte Heimat entdeckt sie aus der neuen Perspektive immer wieder andere Seiten von Tallinn und Estland.

Schreiben Sie uns

Dieses Buch ist gespickt mit Adressen, Preisen, Tipps und Infos. Nur vor Ort kann überprüft werden, was noch stimmt oder was sich verändert hat. Unsere Autoren sind zwar stetig unterwegs und erstellen alle zwei Jahre eine komplette Aktualisierung, aber auf die Mithilfe von Reisenden können sie nicht verzichten.

Darum: Schreiben Sie uns, was sich geändert hat. Wenn sich die Infos direkt auf das Buch beziehen, würde die Seitenangabe uns die Arbeit sehr erleichtern. Gut verwertbare Informationen belohnt der Verlag mit einem Sprechführer Ihrer Wahl aus der über 220 Bände umfassenden Reihe „Kauderwelsch".

Bitte schreiben Sie an:
REISE KNOW-HOW Verlag Peter Rump GmbH, Postfach 140666, D-33626 Bielefeld, oder per E-Mail an: info@reise-know-how.de
Danke!

Bildnachweis

Die Kürzel an den Abbildungen stehen für folgende Fotografen.

ta	Thorsten Altheide (Autor)
hr	Heli Rahkema (Autorin)
kr	Kaja Rahkema
kw und Umschlag	
	Klaus Werner

Aktuelle Informationen nach Redaktionsschluss

Unter **www.reise-know-how.de** werden aktuelle Ergänzungen und Änderungen der Autoren und Leser zum vorliegenden Buch bereitgestellt. Sie sind auch in der **Gratis-App** zum Buch abrufbar.

Tallinn mit PC, Smartphone & Co.

QR-Code auf dem Umschlag scannen oder **http://ct-tallinn14.reise-know-how.de** eingeben und die **kostenlose CityTrip-App** aufrufen!

GRATIS-APP
✓**orientieren**
✓**informieren**
✓**verständigen**

★ **Anzeige der Lage und Luftbildansichten** aller beschriebenen Sehenswürdigkeiten und touristisch wichtigen Orte
★ **Routenführung** vom aktuellen Standort zum gewünschten Ziel
★ **Exakter Verlauf** des empfohlenen Stadtspaziergangs
★ **Audiotrainer** der wichtigsten Wörter und Redewendungen
★ **Aktuelle Infos** nach Redaktionsschluss

Weitere kostenlose Downloads auf www.reise-know-how.de

auf der Produktseite dieses Titels unter „Datenservice":

★ **Faltplan als PDF mit Geodaten:**
Nach dem Speichern auch mobil nutzbar auf allen Geräten mit PDF-Reader. Für Smartphones/Tablets empfiehlt sich die App „PDF Maps" von Avenza™ mit einer breiten Funktionspalette.
★ **GPS-Daten aller Ortsmarken:**
einfacher Import in GPS-Geräte, Navis und Geosoftware auf PCs und mobilen Geräten.

Zeichenerklärung

🍸	Bar, Bistro
📖	Bibliothek
🍺	Kneipe, Biergarten, Brauhaus
☕	Café, Eiscafé
🗿	Denkmal
🖼	Galerie
🛍	Geschäft, Kaufhaus, Markt
🏨	Hotel, Unterkunft
🍴	Imbiss
ℹ	Informationsstelle
@	Internetcafé
🏚	Jugendherberge
⛪	Kirche
➕ ✚	Krankenhaus, Arzt
🏛	Museum
🎵	Musikszene, Disco
•	Punkt (allgemein)
—•—	O-Bus-Linie
🅿	Parkplatz/-haus
🏠	Pension, Bed & Breakfast
🚩 ⚙	Polizei
✉ 📯	Postamt
🍽	Restaurant
🅂	Sporteinrichtung
—O—	Straßenbahnlinie
🎭 🎪	Theater, Zirkus
🍷	Weinstube

▬▬▬	Stadtspaziergang (s. S. 8)
▬▬▬	Kulturkilometer (s. S. 48)
	Shoppingareale
	Gastro- und Nightlife-Areale

Bewertung der Sehenswürdigkeiten

★★★ auf keinen Fall verpassen
★★ besonders sehenswert
★ wichtige Sehenswürdigkeit für speziell interessierte Besucher